새로운 도서,
다양한 자료
동양북스
홈페이지에서
만나보세요!

www.dongyangbooks.com
m.dongyangbooks.com

※ 학습자료 및 MP3 제공 여부는 도서마다 상이하므로 확인 후 이용 바랍니다.

홈페이지 도서 자료실에서 학습자료 및 MP3 무료 다운로드

❶ 홈페이지 접속 후 도서 자료실 클릭
❷ 하단 검색 창에 검색어 입력
❸ MP3, 정답과 해설, 부가자료 등 첨부파일 다운로드
  * 원하는 자료가 없는 경우 '요청하기' 클릭!

* 반드시 '인터넷, Safari, Chrome' App을 이용하여 홈페이지에 접속해주세요. (네이버,
  다음 App 이용 시 첨부파일의 확장자명이 변경되어 저장되는 오류가 발생할 수 있습니다.)

❸ 하단 검색창에 검색어 입력
❹ MP3, 정답과 해설, 부가자료 등 첨부파일 다운로드
  * 압축 해제 방법은 '다운로드 Tip' 참고

시사 따라잡는 독해

중국 읽기

김선아 · 이주화 지음

동양북스

시사 따라잡는 독해
중국읽기

초판 6쇄 | 2023년 3월 15일

지은이 | 김선아, 이주화
발행인 | 김태웅
편 집 | 신효정, 김수연
일러스트 | 김동윤
디자인 | 남은혜
마케팅 | 나재승
제 작 | 현대순

발행처 | 동양북스
등 록 | 제 2014-000055호
주 소 | 서울시 마포구 동교로22길 14 (04030)
구입문의 | 전화 (02)337-1737 팩스 (02)334-6624
내용문의 | 전화 (02)337-1762 dybooks2@gmail.com

ISBN 979-11-5703-116-0 13720

이 도서의 국립중앙도서관 출판시도서목록(CIP)은 서지정보유통지원시스템 홈페이지(http://seoji.go.kr)와
국가자료공동목록시스템(http://www.nl.go.kr/kolisnet)에서 이용하실 수 있습니다.
(CIP제어번호: CIP2015021785)

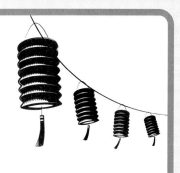

중국어 학습에는 여러 가지 방법이 있을 것이다. 일반적으로 말하기, 듣기, 읽기, 쓰기의 네 영역에서 초급부터 중급을 거쳐 고급으로 단계별 필수 어휘와 상용 표현을 배우게 된다. 이 중 중·고급 단계라고 할 수 있는 시사 중국어 독해는 상당한 수준의 어휘력과 구문 해독 능력을 필요로 한다. 또한 중국의 정치, 경제, 사회, 문화에 대한 기본적인 배경 지식을 전제하지 않고서는 효율적인 학습이 보장되지 않는다.

이와 함께 시사 중국어 관용 표현 자체가 문어체를 기반으로 하는 낯선 고정 형식이 대부분이어서 처음 시사 관련 중국어를 접하는 학습자들은 거부감을 가지기 쉽다. 또한, 현재 국내에 출판된 시사 중국어 관련 교재들은 중국 신문 기사 등에 의존해 출판과 동시에 시사성이 떨어지는 내용적 모순을 지니고 있다. 이러한 한계를 극복하기 위해 본서는 가급적 시사성을 보장하면서도 동시대 중국의 모습을 이해하는 데 가장 효과적인 내용을 담고자 노력했다. 시사 중국어 관련 대표 구문을 추려 강조했으며 본문과 연계된 시사 상식을 보강했다. 이 외에도 본문과 관련된 읽을거리들을 중국어 원문으로 배열하여 심화학습이 가능하도록 구성했다. 효율적인 복습을 위한 연습문제는 HSK 문제 유형을 응용하여 향후 시험 대비에 용이하도록 했다.

끝으로 복잡한 작업을 꼼꼼히 봐주신 편집부께 심심한 감사를 보내며 독자들의 많은 질정을 바란다.

김선아 · 이주화

차 례

도입 페이지

해당 과의 제목과 독해 지문의 주제 내용을 요약
제시하여 학습 주제에 대한 흥미를 유도합니다.
주제와 직접 관련된 일러스트 이미지는 독해 지
문의 이해를 돕습니다.

독해 细读

각 과별로 한 주제 아래 다른 소재의
독해 지문 3편을 수록하였습니다.

단어 체크

지문에 나오는 주요 어휘와 新HSK
5~6급에 해당하는 어휘의 발음과 뜻
을 확인합니다.

구문 체크

자주 활용하는 관용 표현 및 상용 구문
을 확인합니다. 지문에서 쉽게 찾을 수
있도록 해당 부분에 표시하였습니다.

시사&상식 체크

지문에 나오는 일부 용어에 대한 해설
및 배경 지식을 추가하여 지문의 내용
이해를 돕고 관련 지식을 넓힙니다.

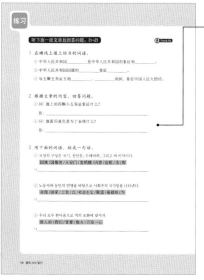

참고 参考

본문의 독해 지문 외에 각 과의 주제와 관련된
다양한 심화 학습 내용으로 시사 상식을 한층 더
쌓도록 합니다.

연습문제 练习

본문의 독해 지문을 바탕으로 듣기, 쓰기, 읽기,
말하기 영역을 통하여 복습할 수 있도록 다양한
연습문제를 수록하였습니다.

일러두기

* 독해 지문의 내용은 중국 뉴스 기사와 온라인 게시글을 발췌 및 편집한 것입니다.

* 본 교재의 난이도는 新HSK 5~6급 어휘 위주의 고급 수준 학습자 대상입니다.

* 중국 지명과 인명 및 고유명사의 우리말 표기는 중국어 발음 표기를 원칙으로 하며, 1910년 이전의 지명과
  인명, 우리말 독음이 더 친숙한 경우 한자 독음으로 표기합니다.

* 본문에 사용된 사진 이미지는 셔터스톡(shutterstock)에서 제공되었습니다.

중국의 7대 지역과 행정구역 약칭

중국은 34개의 행정구역으로 나뉘어져 있으며 각 행정구역에는 정부 소재지(省会)가 있다. 또한 34개의 행정구역을 지역별로 묶어서 크게 7개의 지역으로 나누기도 한다.

七大区	省、市、自治区	简称		省会
华北	北京直辖市	京	Jīng	
	天津直辖市	津	Jīn	
	河北省	冀	Jì	石家庄
	山西省	晋	Jìn	太原
	内蒙古自治区	内蒙古	Nèiměnggǔ	呼和浩特
华东	上海直辖市	沪	Hù	
	山东省	鲁	Lǔ	济南
	江苏省	苏	Sū	南京
	安徽省	皖	Wǎn	合肥
	江西省	赣	Gàn	南昌
	浙江省	浙	Zhè	杭州
	福建省	闽	Mǐn	福州
	台湾省	台	Tái	
华南	广东省	粤	Yuè	广州
	广西壮族自治区	桂	Guì	南宁
	海南省	琼	Qióng	海口
	香港特别行政区	港	Gǎng	
	澳门特别行政区	澳	Ào	
华中	湖北省	鄂	È	武汉
	湖南省	湘	Xiāng	长沙
	河南省	豫	Yù	郑州
东北	黑龙江省	黑	Hēi	哈尔滨
	吉林省	吉	Jí	长春
	辽宁省	辽	Liáo	沈阳
西南	重庆直辖市	渝	Yú	
	四川省	蜀	Shǔ	成都
	贵州省	黔	Qián	贵阳
	云南省	滇	Diān	昆明
	西藏自治区	藏	Zàng	拉萨
西北	陕西省	秦	Qín	西安
	甘肃省	陇	Lǒng	兰州
	宁夏回族自治区	宁	Níng	银川
	新疆维吾尔自治区	新	Xīn	乌鲁木齐
	青海省	青	Qīng	西宁

붉은 대륙과 다섯 개의 황금별

중국의 국기 五星红旗의 상징과 중국의 국가 「의용군행진곡」의 배경을 살펴봄으로써 중화 인민공화국에 대한 기본 지식의 외연을 넓혀 보자.

* 描述一下中国的国旗是什么样的?
* 中国国旗中的五颗五角星象征什么?
* 了解一下中国国歌。

细读 01

펄럭이는 다섯 개의 황금별 五星红旗

✔ 단어 check!

五星红旗 Wǔxīnghóngqí
　　　　중국의 국기, 오성홍기

国旗 guóqí 국기

标志 biāozhì 상징, 지표

届 jiè 회

议案 yì'àn 안건

革命 gémìng 혁명

五角 wǔjiǎo 오각

呈现 chéngxiàn 나타나다

颗 kē 알(둥글고 작은 것의 양사)

共产党 gòngchǎndǎng 공산당

阶级 jiējí 계급, 계층

联缀 liánzhuì 잇다

疏密相间 shūmìxiāngjiàn
　　　　성기고 빽빽함이 알맞다

团结 tuánjié 단결하다

　　　　中华人民共和国国旗是中华人民共和国的象征和标志。1949年9月27日，全国政协第一届全体代表会议通过了以五星红旗为*国旗的议案。中华人民共和国国旗旗面为红色，象征革命。国旗上的五角星用黄色是为了*在红色大地上呈现光明，一颗大五角星代表中国共产党，四颗小五角星分别代表工人阶级、农民阶级、小资产阶级和民族资产阶级四个阶级。五颗五角星互相联缀、疏密相间，象征中国人民大团结。

 Track 01

📖 구문 check!

* 通过了以五星红旗为国旗的议案。 오성홍기를 국기로 하는 의안을 통과시켰다.

> **以……为……** : ~를 ~로 하다(삼다) 주로 문어 표현으로 쓰인다.
> 例 以理论为行动指南。 이론을 행동 지침으로 삼다.

* 国旗上的五角星用黄色是为了在红色大地上呈现光明。
국기의 오각별에 노란색을 사용한 것은 빨간 대지 위에 광명을 나타내기 위함이다.

> **为了……** : ~를 위하여 목적이나 이유를 나타낸다.
> 例 为了考上大学, 努力复习。 대학에 합격하기 위해서 열심히 공부한다.

✔ 시사&상식 check!

中华人民共和国　중국의 정식 국가 명칭. 1949년 10월 1일 중국 공산당이 베이징을 수도로 수립한 사회주의 체제의 인민공화국이다.

政协　'중국인민정치협상회의(中国人民政治协商会议)'의 약칭. 공산당 및 기타 정당, 각 정계의 대표로 구성된 최고 정책자문기구로서 매년 1회 전체회의(全体代表会议)가 소집된다. 중국의 최고 권력기관인 전국인민대표대회(전인대)와 함께 '양회(两会)'라고 일컫는다.

四个阶级　노동자, 농민, 도시소자산, 민족자산 계급으로 분류되는 네 개의 사회 계급. 도시소자산 계급은 소상인, 수공업자, 자영업자 등을 가리키며, '소시민' 또는 '프티 부르주아'라고도 한다. 민족자산 계급은 외세 자본에 기대지 않고 민족 자체의 자본으로 사업하는 자본가 계급을 가리킨다.

중국을 상징하는 국장(國章) 国徽

中华人民共和国国徽的内容为国旗、天安门、齿轮和麦稻穗。天安门是"五四"运动的发源地,用天安门图案作*新的民族精神的象征。齿轮、谷穗象征工人阶级与农民阶级,国旗上的五星,代表中国共产党领导下的中国人民大团结,表现新中国的性质是工人阶级领导的以工农联盟为基础*的人民民主专政的社会主义国家。

Track 02

구문 check!

＊ 用天安门图案作新的民族精神的象征。

천안문 도안을 사용하여 새로운 민족정신의 상징을 나타낸다.

> 用……作…… : ~로 ~를 삼다(하다, 만들다, 나타내다)
>
> 例 用这首诗作歌曲。이 시로 노래를 만든다.

＊ 以工农联盟为基础的人民民主专政的社会主义国家。

노동자와 농민 연맹을 바탕으로 인민이 민주적으로 정권을 지휘하는 사회주의 국가.

> 以……为基础 : ~를 바탕으로 하다
>
> 例 提出以信息化为基础的方案。정보화를 바탕으로 하는 방안을 제의하다.

✓ 시사&상식 check!

五四　5·4운동. 1919년 5월 4일 베이징에서 일어난 반제국주의·반봉건주의의 항일 혁명 운동이다.

新中国　신중국. 1949년 10월 1일 천안문에서 마오쩌둥(毛泽东)이 중화인민공화국의 주석으로서 반봉건·반식민지의 시대를 종결하고, 새로운 시작의 역사를 의미하는 신중국을 선포했다.

人民民主专政的社会主义国家　'노동자와 농민 계급의 인민이 민주적으로 정권을 지휘하는 사회주의 국가'라는 뜻으로 중국 헌법 제1조에 명시된 내용이다.

전진! 전진! 전진하라! 《义勇军进行曲》

✓ 단어 check!

国歌 guógē 국가

决议 juéyì 결의

发扬 fāyáng 떨치다

抗日战争 KàngRì zhànzhēng
　　　　　　항일전쟁

英勇无畏 yīngyǒngwúwèi
　　　　　용감히여 두려움이 없다

体现 tǐxiàn 구현하다

奴隶 núlì 노예

血肉 xuèròu 피와 살

筑 zhù 짓다, 세우다

迫 pò 강요하다, 핍박하다

吼声 hǒushēng 함성

万众一心 wànzhòngyìxīn
　　　　　　모두가 한마음이다

冒 mào 무릅쓰다

敌人 dírén 적

炮火 pàohuǒ 포화

《义勇军进行曲》是中华人民共和国国歌。1982年, 第五届全国人民代表大会第五次会议通过了关于*中华人民共和国国歌的决议, 以田汉作词、聂耳作曲的《义勇军进行曲》为中华人民共和国国歌。以《义勇军进行曲》为国歌, 以发扬抗日战争期间英勇无畏的精神, 体现*了中国人民的革命思想。

《义勇军进行曲》歌词

起来! 不愿做奴隶的人们! 把我们的血肉, 筑成我们新的长城!

中华民族到了最危险的时候, 每个人被迫着发出最后的吼声。

起来! 起来! 起来! 我们万众一心, 冒着敌人的炮火, 前进!

冒着敌人的炮火, 前进! 前进! 前进! 进!

 Track 03

📖 구문 check!

* 通过了关于中华人民共和国国歌的决议。 중화인민공화국의 국가에 관한 결의를 통과시켰다.

> **关于** : ~에 관하여　对于와 유사하지만 对于는 뒤에 주로 사람이나 사물과 같은 대상이, 关于는 관련 범위나 내용이 쓰인다.
>
> 例 发布关于国际社会问题的报告。 국제사회의 문제에 관한 보고서를 발표하다.

* 以发扬抗日战争期间英勇无畏的精神, 体现了中国人民的革命思想。
  항일전쟁 시기의 용맹한 정신을 드높여 중국 인민의 혁명 사상을 구현했다.

> **以**……**体现**…… : ~로 ~를 구현하다
>
> 例 以实际行动体现爱国热情。 실제 행동으로 애국 열정을 구현하다.

✓ 시사&상식 check!

《义勇军进行曲》「의용군행진곡」. 1935년 제작된 영화 「풍운아녀《风云儿女》」의 주제곡으로 항일전쟁 당시 불리던 노래이다. 후에 중화인민공화국의 정식 국가가 되었다.

全国人民代表大会　전국인민대표대회. 국가 주석, 총리 등의 임명과 파면, 헌법 및 법률 제정, 사회 전반에 걸친 모든 정책을 결정하는 중국의 최고 권력 기관이다. 간략하게 '전인대(全人代)'라고 한다.

1 천안문 광장의 국기게양부대 国旗班

중화인민공화국의 상징인 천안문에서 매일 진행되는 국기게양식에 대해 알아보자.

　　天安门位于中华人民共和国首都北京中心的天安门广场。对面是天安门广场以及人民英雄纪念碑、毛主席纪念堂、人民大会堂、中国国家博物馆。在天安门，有每天从事升降国旗工作的武装警察部队，他们被叫做国旗班。国旗班由32名武装警察组成，横成行、纵成列、步幅一致、目光一致。从金水桥到国旗杆下138步，每步都要走得雄壮、有力。即使刮风、下雨、下雪，也要保证走得直，动作不变形。

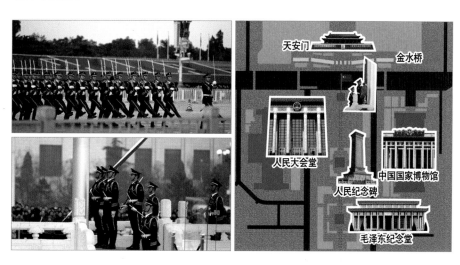

2 五星红旗의 치밀한 설계

오성홍기의 다섯 별의 위치에 대해 알아보자.

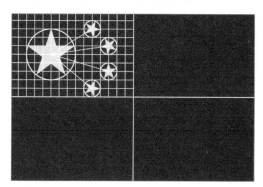

　　五星红旗的大五角星代表中国共产党，每颗小星各有一个尖角正对大星中心点，表示全体四个阶级对党的向心之意，受党的全面领导。

听下面一段文章后回答问题。(1-2)

1. 在横线上填上恰当的词语。

① 中华人民共和国_____是中华人民共和国的象征和_____。

② 中华人民共和国国旗的_____象征_____。

③ 每五颗五角星互相_____、_____相间，象征中国人民大团结。

2. 根据文章的内容，回答问题。

① 问: 旗上的四颗小五角星象征什么?

　答: _____

② 问: 旗面用黄色是为了表现什么?

　答: _____

3. 用下面的词语，组成一句话。

① 국장의 구성은 국기, 천안문, 수레바퀴, 그리고 벼 이삭이다.

国旗 / 国徽的 / 天安门 / 麦稻穗 / 内容 / 齿轮 / 为 / 和

⇨ _____

② 노동자와 농민의 연맹을 바탕으로 사회주의 국가임을 나타낸다.

表现 / 国家 / 工农 / 以 / 社会主义 / 联盟 / 基础的 / 为

⇨ _____

③ 우리 모두 한마음으로 적의 포화에 맞서자.

敌人的 / 我们 / 冒着 / 炮火 / 万众一心

⇨ _____

4. 用所给词语造句。

① 오성홍기를 국기로 정하는 안건을 통과시켰다. 以……为……

⇨ _____

② 천안문 도안을 사용하여 새로운 민족정신의 상징을 나타낸다. 用……作……

⇨ _____

③ 우리의 피와 살로 우리의 새로운 만리장성을 쌓자. 把……筑成……

⇨ _____

5. 根据下面的内容，选择正确的答案。

　　《义勇军进行曲》是中华人民共和国国歌。1982年，第五届全国人民代表大会第五次会议通过了关于中华人民共和国国歌的决议，以田汉作词、聂耳作曲的《义勇军进行曲》为中华人民共和国国歌。以《义勇军进行曲》为国歌，以发扬抗日战争期间英勇无畏的精神，体现了中国人民的革命思想。

① 文章所提的主要内容是:

a. 中华人民共和国国名
b. 中华人民共和国国歌
c. 中华人民共和国国徽
d. 中华人民共和国国旗

② 《义勇军进行曲》被定为中国国歌的时间是：

    a. 抗日战争时期

    b. 新中国成立时

    c. 1982年全人代

    d. 第一届五次会议

③ 关于《义勇军进行曲》, 正确的是：

    a. 创作于1982年

    b. 田汉作曲、聂耳作词

    c. 发扬人民大团结

    d. 体现了中国人民的革命思想

6. 朗读下面内容。

> 起来！不愿做奴隶的人们！把我们的血肉，筑成我们新的长城！
> 中华民族到了最危险的时候，每个人被迫着发出最后的吼声。
> 起来！起来！起来！我们万众一心，冒着敌人的炮火，前进！
> 冒着敌人的炮火，前进！前进！前进！进！

7. 简单回答以下问题。

① 请根据课文的内容, 介绍中国国旗。

② 请根据课文的内容, 介绍中国国歌的内容。

③ 请介绍韩国国旗一"太极旗"。

인구대국의 56개 민족

각기 다른 여러 민족이 공존하는 세계 인구대국, 중국! 지속적인 인구 증가와 노령화, 성비 불균형의 문제를 살펴보고, 다민족 국가의 특징에 대해 알아보자.

* 你对中国人口问题有何了解?
* 中华民族包括多少个民族?
* 你对中国少数民族有何了解?

세계에서 인구가 가장 많은 나라 CHINA

√

无疑 wúyí 의심할 바 없다

自治区 zìzhìqū 자치구

直辖市 zhíxiáshì 직할시

特别行政区 tèbié xíngzhèngqū
특별행정구

占 zhàn 차지하다

汉族 Hànzú 한족

少数民族 shǎoshùmínzú
소수민족

居住 jūzhù 거주하다

约 yuē 대개, 대략

比例 bǐlì 비중, 비율

生育率 shēngyùlǜ 출산율

行列 hángliè 대열

惯性 guànxìng 관성

中国无疑是世界上人口最多的国家。2000年，中国大陆地区34个省、自治区、直辖市、特别行政区的总人口为12亿9533万人，占世界总人口60亿的*22%。2005年末，全国总人口为13亿756万人。全国人口中，汉族人口为11亿8295万人，占总人口的90.56%。各少数民族人口为1亿2333万人，占总人口的9.44%。

2013年底，在中国大陆上居住有13亿6072万人，约占世界总人口的19%，是中国历史上占世界人口比例最低的时期。虽然中国已经进入了低生育率国家行列*，但由于人口增长的惯性作用，2020年中国人口总量将达到14亿6000万。

📖 구문 check!

* 占世界总人口60亿的22%。 세계 인구 60억의 22%를 차지한다.

> 占……的…… : ~의 ~를 차지하다 占과 的 사이에는 전체 범위를 나타내는 표현이, 的 뒤에는 숫자나
> 정도를 나타내는 표현이 온다.
>
> 例 反对者占全体的绝大多数。 반대하는 사람이 전체의 절대 다수를 차지한다.

* 中国已经进入了低生育率国家行列。 중국은 이미 저출산율 국가 대열에 들어섰다.

> 进入……行列/阶段 : ~행렬/단계에 진입하다 일정 수준에 도달했거나 특정 집단 및 부류에 합세했음을
> 나타낼 때 사용한다.
>
> 例 进入全球十大最富裕国家行列。 전 세계 10대 부유 국가의 반열에 들다.

√ 시사&상식 check!

自治区 중국의 자치구는 주로 소수민족 자치구로 모두 5개(内蒙古自治区, 新疆维吾尔自治区, 广西壮族自治区, 宁夏回族自治区, 西藏自治区)이다. 자치구는 성(省)에 해당하는 행정 단위의 지위를 갖는다.

直辖市 중국의 직할시는 중앙정부가 관리하는 행정 단위로 모두 4개(北京市, 上海市, 天津市, 重庆市)이다. 직할시 역시 성(省)에 해당하는 행정 단위의 지위를 갖는다.

细读 02

중국이 직면한 최대 난제 人口问题

✓ 단어 check!

转变 zhuǎnbiàn 변하다, 바뀌다
老龄化 lǎolínghuà 노령화
下降 xiàjiàng 낮아지다
预计 yùjì 예측하다
失调 shītiáo 균형을 잃다
经 jīng 거치다
测算 cèsuàn 추산하다, 측정하다
适龄 shìlíng 적령기
面临 miànlín 직면하다
娶妻 qǔqī 장가를 들다
控制 kòngzhì 통제하다
素质 sùzhì 소양
超生 chāoshēng
(규정보다)아이를 많이 낳다

今日中国的人口问题从人口数量转变为人口质量。"独生子女政策"的问题已经开始表现出来：一是人口老龄化；二是人口质量下降。就人口老龄化而言*，1997年中国60岁以上老人有1亿之多，占总人口的10%。到2040年预计将达2亿5000万以上，占总人口的23.79%，60岁以上的人数是20多岁人数的2-3倍。就人口质量下降而言，现在有两个方面的表现：一是男女比例失调，目前中国出生人口男女性别比为118.06：100。经测算，到2020年中国处于*婚龄的男性人数将比女性多出2400万，将有上千万适龄男性面临"娶妻难"；二是在严格控制生育的情况下，人口素质高的城市生育率下降，人口素质低的农村超生。

 Track 07

📖 구문 check!

* 就人口老龄化而言······　인구 노령화로 말하자면······

> 就······而言······ : ～에 대해 말하자면　就 대신 对, 从을 쓸 수 있다.
> 例 就一般情况而言, 这是很正常的。 일반적인 경우로 말하자면 이것은 매우 정상적이다.

* 处于婚龄的男性人数将比女性多出2400万。
결혼 적령기의 남성 수가 여성보다 2,400만 명 많은 상황에 이르게 될 것이다.

> 处于······ : ～에 처하다　주로 부정적인 상황에 사용한다.
> 例 考试之前, 他一直处于紧张状态。 시험 전에 그는 줄곧 긴장상태에 있다.

✓ 시사&상식 check!

独生子女政策　한 자녀 정책. 한 가정에 한 명의 자녀만을 낳는 중국의 인구 제한 정책으로 산아제한 정책(计划生育政策)을 가리킨다.

娶妻难　남성의 수가 여성보다 많아 남성이 상대적으로 결혼하기 어려움을 표현한 말로 중국의 심각한 성비 불균형을 빗대어 표현한 말이다.

超生　중국의 인구 제한 정책을 따르지 않고 아이를 많이 낳는 것을 가리키며, 이러한 가정을 超生户라고 한다. 경제적으로 빈곤한 지역일수록 많이 나타난다.

한 지붕 多 가족 少数民族

✔ 단어 check!

极为 jíwéi 극히, 대단히
平衡 pínghéng 균형이 맞다
一贯 yíguàn 일관되다
享有 xiǎngyǒu 누리다
加快 jiākuài 빠르게 하다
采取 cǎiqǔ 취하다, 강구하다
措施 cuòshī 조치, 대책
实施 shíshī 실행하다
战略 zhànlüè 전략
聚居区 jùjūqū 집중 거주지
边境 biānjìng 변경, 국경 지대
举措 jǔcuò 조치
基础设施 jīchǔshèshī 인프라
扶持 fúchí 돕다, 지지하다
坚决 jiānjué 단호하다
一系列 yíxìliè 일련의
国情 guóqíng 국정

中国是一个统一的多民族国家。新中国成立后，中央政府确认的民族共有56个。由于汉族以外的55个民族人口较少，习惯上被称为"少数民族"。各民族地区在历史、文化、环境等方面存在极大差异，发展极为不平衡。但中国政府一贯认为各民族无论人口多少、社会发展水平高低，都*是中国大家庭中的一员，都享有平等的权利。

近年来，为加快少数民族地区的发展，中央政府还采取了以下三项措施*：一是实施西部大开发战略。西部是少数民族的主要聚居区，有40多个民族。二是加快边境少数民族地区发展的举措，加大基础设施建设、提高人民生活水平。三是重点扶持人口极少民族的发展。中央政府坚决认为这一系列的民族政策是符合国情的民族问题解决方案，也是实现各民族共同发展的正确道路。

Track 08

📖 구문 check!

* 无论人口多少、社会发展水平高低，都是中国大家庭中的一员。
  인구가 많거나 적거나, 사회 발전의 수준이 높거나 낮거나, 모두 중국이라는 대가족의 일원이다.

> 无论……都…… : ~를 막론하고 모두
>
> 例 无论是谁，都会有缺点。 누구든 모두 결점이 있다.

* 中央政府还采取了以下三项措施。 중앙정부는 다음 세 가지 방안을 마련했다.

> 采取……措施 : ~조치를 취하다, 대책을 마련하다
>
> 例 采取有效措施增强经济实力。 효과적인 대책을 마련하여 경제 능력을 강화하다.

✔ 시사&상식 check!

少数民族 공식적으로 인정된 중국의 소수민족은 모두 55개의 민족이다. 2010년 통계에 따르면, 그중 인구가 가장 많은 소수민족은 장족(壮族)으로 1,800만 명 이상이며 가장 적은 소수민족은 낙파족(珞巴族)으로 약 3,000명이다. 조선족(朝鲜族)의 수는 180만 명으로 소수민족 가운데 인구수 14위에 해당한다.

汉族 한족. 중국에 분포되어 있는 가장 많은 민족이며 전 세계적으로 가장 많은 수를 차지하는 민족이다.

1 중앙민족대학의 민족박물관 中央民族大学民族博物馆

중앙민족대학은 소수민족의 지도자를 양성하고 각 민족과 관련된 한족 인력을 길러내기 위해 세워진 대학이다. 중국 민족의 역사와 풍습을 한눈에 볼 수 있는 중앙민족대학의 민족박물관에 대해 살펴보자.

中央民族大学民族博物馆始建于1951年，是以全国56个民族的文物为主要收藏、展示和研究对象的民族学专业博物馆。馆舍总面积近5000平方米。馆藏有各民族的锦旗、革命文物、土特产品、生产工具、服装、皮毛、古器物、历史文献、珠宝器、武器、乐器、宗教用品等14类文物及国外部分国家和民族的瓷器、钱币、图片等文物，共2万余件。

중앙민족대학의 민족박물관 (http://bwg.muc.edu.cn)홈페이지에 접속하여 각 자료실 둘러보기를 클릭하면 실제 박물관을 온라인 창에서 관람할 수 있으며, 각 전시품을 클릭하면 상세한 설명 창이 나타난다.

전시품을 클릭하여 관련 프로그램을 설치하면 각 전시품의 전용 창에서 마우스를 조정하여 입체적으로 감상할 수 있다.

2 중국 인구 구성 현황

중국 인구 구성 현황에 대한 2014년 통계 자료를 살펴보자.

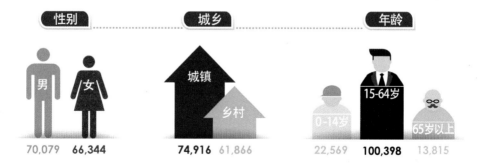

总人口:136,782 / 单位:万名

출처 : 中国政府网

Track 09

听下面一段文章后回答问题。(1-2)

1. 在横线上填上恰当的词语。

① 中国是一个_____的_____国家。

② 中央政府确认的民族_____个。

③ 都是中国大家庭中的一员,都_____平等的_____。

2. 根据文章的内容,回答问题。

① 问:55个民族为什么被称为"少数民族"?

答:_____

② 问:各民族地区的发展情况怎么样?

答:_____

3. 用下面的词语,组成一句话。

① 중국은 의심의 여지없이 세계에서 인구가 가장 많은 나라이다.

最多的 / 世界上 / 中国 / 人口 / 是 / 国家 / 无疑

⇨_____

② 중국 인구는 세계 총인구 60억의 22%를 차지한다.

60亿的 / 总人口 / 中国 / 占 / 22% / 世界 / 人口

⇨_____

③ 이러한 일련의 민족 정책은 국정에 부합하는 해결 방안이다.

国情的 / 解决方案 / 民族政策 / 符合 / 是 / 这一系列的

⇨_____

4. 用所给词语造句。

① 중국은 이미 저출산율 국가 대열에 들어섰다. 进入……行列

⇨＿＿＿＿＿＿＿＿＿＿＿＿＿＿＿＿＿＿＿＿＿＿＿＿＿＿＿＿＿

② 각 민족은 인구가 적든 많든 모두 중국이라는 대가족의 일원이다. 无论……都……

⇨＿＿＿＿＿＿＿＿＿＿＿＿＿＿＿＿＿＿＿＿＿＿＿＿＿＿＿＿＿

③ 중앙정부는 다음 세 가지 방안을 마련했다. 采取……措施

⇨＿＿＿＿＿＿＿＿＿＿＿＿＿＿＿＿＿＿＿＿＿＿＿＿＿＿＿＿＿

5. 根据下面的内容，选择正确的答案。

今日中国的人口问题从人口数量转变为人口质量。"独生子女政策"的问题已经开始表现出来：一是人口老龄化；二是人口质量下降。就人口老龄化而言，1997年中国60岁以上老人有1亿之多，占总人口的10%。到2040年预计将达2亿5000万以上，占总人口的23.7%，60岁以上的人数是20多岁人数的2-3倍。就人口质量下降而言，现在有两个方面的表现：一是男女比例失调，目前中国出生人口男女性别比为118：100。经测算，到2020年中国处于婚龄的男性人数将比女性多出2400万，将有上千万适龄男性面临"娶妻难"；二是在严格控制生育的情况下，人口素质高的城市生育率下降，人口素质低的农村超生。

① 文章的主要内容是：

a. 老龄化问题

b. 人口数量问题

c. 男女比例问题

d. 中国人口问题

② 根据文章的内容，正确的是：

　　a. 中国的人口问题从质量转变为数量
　　b. 到2040年，60岁以上的人数将达20多岁人数的两倍
　　c. 将来中国男女比例失调将更严重
　　d. 人口素质高的城市出现超生现象

③ 关于"娶妻难"的原因，正确的是：

　　a. 由于人口增长的惯性作用
　　b. 由于人口素质越来越低
　　c. 由于老龄化问题
　　d. 由于男女比例失调

6. 朗读下面内容。

> 　　近年来，为加快少数民族地区的发展，中央政府还采取了以下三项措施：一是实施西部大开发战略。西部是少数民族的主要聚居区，有40多个民族。二是加快边境少数民族地区发展的举措，加大基础设施建设、提高人民生活水平。三是重点扶持人口极少民族的发展。

7. 简单回答以下问题。

① 请根据课文的内容，介绍中国人口情况。

② 请说说你所了解的中国少数民族。

③ 请谈谈韩国人口问题。

03

산해진미와
차의 향연

먹는 것을 가장 중시한다(民以食为天)는 중국의
옛 말처럼 식(食)문화는 중국을 설명하는 중요한
키워드이다. 중국 각 지역의 대표 요리와 차 문화,
그리고 오늘날 중국인이 즐겨찾는 대중 식품까지
다양하게 알아보자.

* 你觉得中国菜的特点是什么?
* 你最喜欢喝哪种中国茶?
* 你对中国菜系了解多少?

중국의 산해진미 四大菜系

在山珍海味的故乡—中国都有什么饭菜呢? 中国地大物博, 不同地域之间的口味和烹饪法差异巨大。有一个 "南甜北咸, 东辣西酸" 的说法*。意思是: 南方人喜欢吃甜味, 北方人喜欢吃咸味, 山东人喜欢吃辣味, 山西人喜欢吃酸味。

中国的饭菜风味主要可分为 "四大菜系", 都各有特色, 各有千秋。第一, 四川菜系, 简称川菜。川菜以麻辣、鱼香为主要特点*, 比如鱼香肉丝, 麻婆豆腐等。第二, 广东菜系, 简称粤菜。粤菜以选料广泛为主要特点, 比如龙虎斗、咕噜肉等。第三, 山东菜系, 简称鲁菜。其特色为注重实惠, 善用葱姜。比如糖醋鱼、葱爆羊肉等。第四, 江苏菜系, 简称苏菜。其特色为制作精细, 浓而不腻。比如松鼠桂鱼, 盐水鸭等。

📖 구문 check!

* 有一个 "南甜北咸, 东辣西酸" 的说法。
'남쪽은 달고 북쪽은 짜고 동쪽은 맵고 서쪽은 시큼하다' 라는 말이 있다.

> 有……说法 : ～라는 말이 있다　속담이나 설, 명언 등을 소개할 때 쓰인다.
> 例 有 "男才女貌" 的说法, 你对此有什么看法? '남자는 능력, 여자는 외모' 라는 말이 있는데, 이 말을 어떻게 생각해?

* 川菜以麻辣、鱼香为主要特点。쓰촨 요리는 매운맛과 생선 향이 주요 특징이다.

> 以……为主要特点 : ～가 주요 특징이다　主要 뒤에는 特点, 目标, 条件 등이 올 수 있다.
> 例 以实力为主要条件选拔人才。실력을 주요 조건으로 인재를 선발한다.

✔ 시사&상식 check!

八大菜系　중국 4대 요리 외에 더 다양한 8대 요리로 분류하기도 한다. 중국의 8대 요리는 쓰촨요리(川菜), 광둥요리(粤菜), 산둥요리(鲁菜), 장쑤요리(苏菜), 저장요리(浙菜), 푸젠요리(闽菜), 후난요리(湘菜), 안후이요리(徽菜)이다.

菜名　중국 음식은 주로 요리 방법, 재료, 재료의 모양, 맛에 따라 이름을 짓는다. 예를 들면 宫保鸡丁은 '깍둑썰기 한 닭고기 볶음 요리', 糖醋鱼는 '달콤 새콤한 소스를 얹은 생선 요리', 葱爆羊肉는 '뜨거운 기름에 파를 넣고 볶은 양고기 요리' 등이다.

중국의 또 다른 명품 茶

　　中国人是非常喜欢茶的民族，从唐代起茶就成为民间大众普遍享用并广为流传的传统饮料。中国人爱喝茶的原因有很多，其中最重要的因素与中国的油腻饮食有关。吃了较腻的中国饮食后，喝一杯茶可以爽口解腻。茶跟中国饮食是天生一对。因此，茶从很久以前就与中国人的生活密不可分*。对中国人来说，喝茶就是日常生活。

　　中国被称为茶叶的故乡。茶的种植面积雄踞全球第一，光是生产的茶种类就*有数千种，这之中有超过600种被选为名茶。中国政府不仅管理提升茶叶的品质，还定期举行十大名茶评选，奖励茶产业的发展。西湖龙井、安溪铁观音、洞庭碧螺春、黄山毛峰、云南普洱茶是经常被选中的5种名茶。

Track 12

📖 구문 check!

＊ 茶从很久以前就与中国人的生活密不可分。
　　차는 오래전부터 중국인의 생활에서 빠질 수 없다.

> 与……密不可分 : ~와 갈라놓을 수 없다　밀접한 관계, 불가분의 관계를 나타낸다.
>
> 例 人与自然密不可分。사람과 자연은 불가분의 관계이다.

＊ 光是生产的茶种类就有数千种。 생산되는 차의 종류만 해도 수천 종이 있다.

> 光是……就…… : (단지)~만 해도 ~이다　강조의 표현이다.
>
> 例 光是准备, 就花了三天时间。준비하는 것만 3일이 걸렸다.

✓ 시사&상식 check!

《茶经》 「차경」. 중국의 '차신(茶圣)'이라고 불리는 육우(陆羽)가 편찬한 최초의 중국 차 백과사전. 모두 3권으로 구성되며 중국 각 지역의 차의 생장 배경, 차의 종류에 대한 평가 및 분석이 담긴 전문 서적이다.

十大名茶 일반적으로 꼽히는 중국의 10대 명차는 쑤저우의 자스민(苏州茉莉花茶), 동팅의 벽라춘(洞庭碧螺春), 황산의 모봉(黄山毛峰), 신양의 모첨(信阳毛尖), 리우안의 과편(六安瓜片), 우이의 암차(武夷岩茶), 서호의 롱징(西湖龙井), 기문의 홍차(祁门红茶), 안후이의 철관음(安溪铁观音), 윈난의 보이차(云南普洱茶)이다.

식습관을 바꾸다　汇源、伊利、康师傅、娃哈哈

✔ 단어 check!

品牌 pǐnpái 상표, 브랜드
打破 dǎpò 깨뜨리다
局面 júmiàn 국면
开启 kāiqǐ 열다
奶制品 nǎizhìpǐn 유제품
成品 chéngpǐn 완제품
杰出 jiéchū 걸출하다
贡献 gòngxiàn 기여하다
携带 xiédài 휴대하다
储存 chǔcún 저장하다
问世 wènshì 세상에 나오다
彻底 chèdǐ 철저하다
家喻户晓 jiāyùhùxiǎo
　　　집집마다 다 알다
自来水 zìláishuǐ 수돗물, 상수도
凭借 píngjiè ～에 의지하다

　　中国社会经济发展使人们的饮食习惯发生了变化。这里有四大食品品牌改变了中国人的饮食习惯。一是汇源果汁。中国人本来不喝果汁，只吃水果。但汇源果汁打破了中国人只吃水果的局面*，开启了中国人喝果汁的市场。二是伊利牛奶。虽然奶制品在中国元代就已出现，但近三十年间成品奶制品的出现才使中国人养成了喝牛奶的习惯。伊利、蒙牛、三鹿等品牌都为此做出了杰出贡献*。三是康师傅方便面。中国的北方喜食面条，但是，面条不易携带、不易储存。方便面的问世彻底解决了这个问题。目前，康师傅是一个家喻户晓的名字。四是娃哈哈瓶装水。以前，中国人把自来水加热之后直接饮用。但是，加热后的自来水携带很不方便。瓶装水的出现解决了这一难题。哇哈哈虽然不是最早生产瓶装水的厂家，但作为中国本土产业，凭借其自主创新能力，发展成为中国最强大的饮料企业。

🎤 **Track 13**

📖 구문 check!

* 它打破了中国人只吃水果的局面。중국인의 과일만 (통째로) 먹던 식습관을 깨뜨렸다.

> **打破……局面：～국면을 타파하다**
> 例 怎样打破这种局面? 어떻게 이 국면을 타파하겠는가?

* 伊利、蒙牛、三鹿等品牌都为此做出了杰出贡献。
　이리, 멍니우, 싼루 등의 브랜드가 모두 이에 걸출한 기여를 했다.

> **为……做出……贡献：～에 ～기여를 하다**
> 例 科学家为人类做出了巨大的贡献。과학자들은 인류에게 큰 공헌을 했다.

✔ 시사 & 상식 check!

康师傅　캉스푸. 중국 식품 시장의 대표 라면 브랜드. 1990년대 대만 기업 딩신(顶新)그룹이 중국 본토 시장에 내놓은 홍샤오쇠고기(红烧牛肉) 컵라면이 크게 인기를 끌면서 입지를 다졌다. 성공 가도를 달리며 점차 음료수와 과자류, 체인점, 할인점 등 다양한 분야로 진출해 중국 최대의 식품 메이커로 자리매김했다.

辛拉面　신라면. 1999년 당시 700만 달러로 시작한 우리나라 농심의 중국 사업은 신라면을 내세워 2013년 10월 누적 매출 10억 달러를 기록했다. 중국 라면보다 1.5배 비싼 가격이지만 한국의 '매운맛'이 중국인의 입맛을 사로잡으면서 점차 중국 내 사업영역을 확장하고 있다.

1 베이징의 궁중요리 满汉全席

3일 밤을 새우고 먹어도 다 먹지 못한다는 풀코스 만찬이다. 청나라 건륭 황제 때부터 등장한 궁중요리 满汉全席에 대해 알아보자.

　　满汉全席是中国一种具有浓郁民族特色的巨型宴席。既有宫廷菜肴之特色，又有地方风味之精华；突出满族菜点特殊风味，烧烤、火锅几乎是不可缺少的菜点，同时又展示了汉族烹调的特色，扒、炸、炒、熘、烧等兼备。满汉全席原是官场中举办宴会时满人和汉人合坐的一种全席。满汉全席上菜一般至少有一百零八种(南菜54道和北菜54道)，三天才能吃完。菜式有咸有甜，有荤有素，取材广泛，用料精细，山珍海味无所不包。

2 중국의 명품 茶 생산지

중국의 차 이름에는 일반적으로 생산지도 함께 덧붙여 말한다. 지도를 보면서 중국 명품 차의 생산지를 확인해 보자.

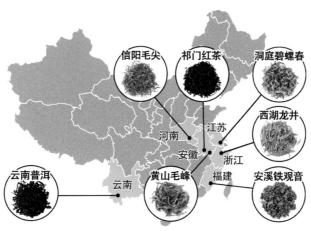

听下面一段文章后回答问题。(1-2)

1. 在横线上填上恰当的词语。

① 在_____的故乡—中国都有什么饭菜呢?

② 中国地大物博,不同地域之间的_____和_____差异巨大。

③ 中国的饭菜风味主要可分为"四大菜系",都_____,_____。

2. 根据文章的内容,回答问题。

① 问:"南甜北咸,东辣西酸"的意思是什么?

答: _____

② 问: 中国的"四大菜系"是什么?

答: _____

3. 用下面的词语,组成一句话。

① 쓰촨 요리는 매운맛을 주요 특징으로 삼는다.

为 / 川菜 / 主要特点 / 麻辣 / 以

⇨ _____

② 이 브랜드들은 모두 이에 걸출한 기여를 했다.

做出了 / 这些 / 杰出 / 贡献 / 为此 / 品牌 / 都

⇨ _____

③ 인스턴트 라면의 등장은 휴대성의 문제를 말끔히 해결했다.

问世 / 彻底 / 问题 / 方便面的 / 携带 / 解决了

⇨ _____

4. 用所给词语造句。

① 차는 오래전부터 중국인의 생활에서 빠질 수 없다. 与……密不可分

⇨ _____

② 생산되는 차의 종류만 해도 수천 종이 있다. 光是……就……

⇨ _____

③ 중국인의 과일만(통째로) 먹던 식습관을 깨뜨렸다. 打破……局面

⇨ _____

5. 根据下面的内容，选择正确的答案。

　　中国人是非常喜欢茶的民族，从唐代起茶就成为民间大众普遍享用并广为流传的传统饮料。中国人享用茶的原因很多，其中最重要的因素与中国的油腻饮食有关。吃了较腻的中国饮食后，喝一杯茶可以爽口解腻。茶跟中国饮食是天生一对。对中国人来说，喝茶就是日常生活。中国被称为茶叶的故乡。茶的种植面积雄踞全球第一。中国政府不仅管理提升茶叶的品质，还定期举行十大名茶评选，奖励茶产业的发展。西湖龙井、安溪铁观音、洞庭碧螺春、黄山毛峰、云南普洱茶是经常被选中的5种名茶。

① 与文章内容不一致的是：

a. 中国人格外喜欢茶
b. 茶从唐代起就成为普遍享用的饮料
c. 茶与中国饮食是天生一对
d. 茶的种类和产值占据世界第一

② 中国人享用茶的原因中，最重要的因素是：

    a.和茶叶的故乡有关
    b.和中国的油腻饮食有关
    c.和茶叶的效能有关
    d.和生产的茶的种类有关

③ 在名茶评选中，占前五位的名茶是：

    a.黄山毛尖
    b.云南普洱
    c.安溪碧螺春
    d.洞庭铁观音

6. 朗读下面内容。

>   第一，四川菜系，简称川菜。川菜以麻辣、鱼香为主要特点，比如鱼香肉丝，麻婆豆腐等。第二，广东菜系，简称粤菜。粤菜以选料广泛为主要特点，比如龙虎斗、咕噜肉等。第三，山东菜系，简称鲁菜。其特色为注重实惠，善用葱姜。比如糖醋鱼、葱爆羊肉等。第四，江苏菜系，简称苏菜。其特色为制作精细，浓而不腻。比如松鼠桂鱼、盐水鸭等。

7. 简单回答以下问题。
① 请根据课文的内容，介绍中国四大菜系。
② 请根据课文的内容，介绍中国人饮茶的习惯。
③ 请谈谈韩国有哪些食品品牌。

04

역사가
흐르는 도시

중국의 대표적인 두 도시, 베이징과 상하이는
유서 깊은 역사의 현장이자 생동하는 중국
현대사의 중심이다. 전통과 현대가 어우러진 두
도시의 면면을 살펴보자.

* 请介绍一下中国的首都—北京。

* 北京的四合院和胡同是什么?

* 你对上海有何了解?

중국의 심장 北京

✔ 단어 check!

国都 guódū 수도
商务 shāngwù 비즈니스, 상무
见证 jiànzhèng 증거
紫禁城 Zǐjinchéng 자금성, 고궁
祭天 jìtiān 하늘에 제사 지내다
神庙 shénmiào 신묘
形象 xíngxiàng 인상, 이미지
开拓 kāituò 개척하다
日趋 rìqū 나날이
拔地而起 bádì'érqǐ 우뚝 솟다
当前 dāngqián 현재, 오늘
雅致 yǎzhì 세련되다
先进 xiānjìn 앞선, 선진의
树立 shùlì 세우다, 수립하다
相符 xiāngfú 서로 부합하다
不断 búduàn 끊임없이

　　1949年, 中国政协决定将*中国的国都定于北京。北京是中国政治和科学文化的中心, 也是中国历史文化名城和古都之一。今日, 很多中国人和外国人以旅游、商务为目的纷纷前往北京。北京的旅游景点达200多处, 天安门和长城是代表北京的标志性建筑物, 是中国悠久历史的见证。此外, 有世界上最大的皇宫紫禁城、祭天神庙天坛、皇家园林颐和园, 都代表着北京的形象。

　　近日, 中国企业开拓国外市场, 文化日趋开放, 在北京奥运会前后, 现代化的建筑物拔地而起, 出现了一些新的地标性建筑。这些建筑形象和以前的北京形象有区别, 不仅象征现代化, 还体现了当前最雅致、最先进的科学技术。北京奥运会之后, 大大提高国际地位的中国, 仍在为树立与全球时代相符的城市形象而*不断努力着。

📖 구문 check!

* 1949年, 中国政协决定将中国的国都定于北京。
1949년 중국 정협은 중국의 수도를 베이징으로 정했다.

> 将 : ~를　전치사로 쓰이는 처치식의 将은 把의 문어 표현이다.
> 例 将汽水倒入杯里。 탄산수를 컵에 따르다.

* 仍在为树立与全球时代相符的城市形象而不断努力着。
글로벌 시대에 부합하는 도시 이미지를 만들기 위해 여전히 끊임없이 노력하고 있다.

> 为……而…… : ~를 위해 ~하다　为 뒤에는 목적이나 이유가 오고, 而 뒤에는 주로 동사나 형용사가 온다.
> 例 为大家的共同发展而努力。 모두의 공동 발전을 위해 노력하다.

✔ 시사&상식 check!

Peiking/Beijing　베이징의 공식 영문명은 Beijing이다. 그러나 베이징대학(北京大学 Peiking University)과 같이 일부 명칭에서 Peiking이 쓰이는 이유는 18세기 서양 선교사들의 광둥어 영문 표기를 그대로 사용하고 있기 때문이다.

北京地标　베이징의 대표적인 랜드마크는 단연 고궁과 천안문 광장이지만 2008년 올림픽 이후 올림픽 주경기장, 워터큐브, 국가대극원, 중국 CCTV 사옥 등 최첨단의 혁신적인 디자인의 건축물들이 새로운 랜드마크가 되고 있다.

옛 베이징의 흔적　四合院和胡同

顾名思义，四合院就是东南西北四面建房，合围出一个院子，院子的外墙又组成了胡同的边墙。院内北房为正房，东西两侧为厢房，除大门外，没有窗户或通道与胡同相连。四合院里宁静、封闭，是老北京的传统住宅。

胡同是北京特有的一种古老的城市小巷，最早起源于*元朝。"胡同"一词在蒙古语中是"小街巷"的意思。它们围绕在紫禁城周围，大部分形成于元、明、清三个朝代。胡同中的主要建筑几乎全部是四合院。

但是，保存完好的四合院和胡同并不多见。除了被指定为旅游景点地区之外，许多胡同的墙上都写着"拆"字。围绕是破坏还是开发的争论*一直在持续，也有人担心，市民的生活空间正在沦落为外国游客的旅游街。

📖 구문 check!

* 胡同是北京特有的一种古老的城市小巷，最早起源于元朝。

후통은 베이징 특유의 오래된 도시 골목으로 원대에 최초로 형성되었다.

> 起源于……：～에서 비롯되다　于는 문어 표현으로 여러 가지 쓰임이 있으며, 본문에서는 시간을 나타낸다.
> 例 艺术起源于劳动。 예술은 노동에서 비롯된다.

* 围绕是破坏还是开发的争论一直在持续。

훼손이냐, 개발이냐를 둘러싼 논쟁은 계속 이어지고 있다.

> 围绕……(的)争论：～를 둘러싼 논쟁
> 例 围绕延迟退休这一话题的争论从未停止。 정년 연장을 둘러싼 논쟁은 아직까지 멈추지 않고 있다.

✓ 시사&상식 check!

四合院　사합원의 정방(正房)은 최연장자가 거처하는 곳이다. 정방의 중앙 공간은 조상의 위패를 모시는 조당(祖堂)으로 가족의 거실로 사용되는 동시에 주택의 실질적, 상징적 중심이 된다. 곁채인 좌우의 상방(厢房)은 아들 가족의 거주 공간이다.

城市开发建设　베이징올림픽을 전후로 베이징시가 도시 미관 개선 사업을 추진하면서 낡은 주택 철거와 함께 자금성 주변의 역사적 가치를 지닌 일부 건축물들이 헐리거나 훼손되었다. 특히 서민들이 주거하던 사합원과 후통 밀집 지역은 외국인과 부동산 기업이 집중 투자하면서 쇼핑몰과 사무실로 대체되었다.

국제 금융의 허브 上海

上海是中国改革开放的缩影与窗口，被誉为21世纪最具活力的都市。近代形成的租界区、民国时期建成的江湾新区以及改革开放以来发展起来的浦东新区等，形成于不同时代的别样空间至今共存在上海这座城市之中。

1842年《南京条约》签订后，上海成为中国五大对外通商口岸之一，并于1843年11月正式开放。通商口岸是西方资本流入中国的主要窗口，西欧式经济形态最初主要体现在贸易和金融业上。上海在20世纪初就已成为远东地区的国际金融中心。新中国建立后，上海取得了飞速发展。今日，在这个人口仅占全国1%、土地面积仅占全国0.06%的城市里，完成的财政收入占全国的八分之一，口岸进出口商品总额占全国的四分之一，港口货物吞吐量占全国的十分之一。上海肩负着联动长三角、面向世界的重任*，发挥着辐射和带动作用*。

🖋 구문 check!

* 肩负着联动长三角、面向世界的重任。
  장강 삼각주 지역의 연계와 세계화라는 중책을 짊어지고 있다.

> 肩负……重任 : ~막중한 책임을 짊어지다   肩负 외에 担当, 担负과 같은 동사를 사용한다.
>
> 例 肩负着未来重任的青年们啊! 미래의 막중한 책임을 짊어진 청년들이여!

* 发挥着辐射和带动作用。 영향력 발휘와 견인차 역할을 하고 있다.

> 发挥……作用 : ~역할을 발휘하다   作用은 '작용'으로 해석하는 것보다 '역할', '위상' 등의 의미로 해석하는 것이 적절하다. 发挥 외에 起, 具有 등과 같은 동사와도 결합한다.
>
> 例 在全国经济建设中具有十分重要的作用。 전국 경제발전에서 매우 중요한 역할을 하다.

租界   조계. 난징조약에 의해 설정된 영국·미국·프랑스의 조차지로 1943년까지 100년간 지속된 외국인 통치 특별지역이다. 중국인에게 역사적 치욕을 남겼지만 서구식 문물 유입으로 인해 급속한 발전을 이루는 계기가 되었다.

《南京条约》   난징조약. 1842년 아편전쟁으로 비롯된 영국과 청나라의 강화조약이다. 홍콩을 영국에 할양하고, 광저우(广州), 샤먼(厦门), 푸저우(福州), 닝보(宁波), 상하이 5개 항구 개방 및 수출입 관세 제한 등의 조항을 체결했다.

长三角   长江三角洲의 줄임말로 상하이, 장쑤성, 저장성을 포함하여 21.07㎢에 달하는 중국의 최대 경제권역이다. 국토 면적의 2.1%에 불과하지만 중국 전체 경제 총량의 1/4을 담당하고 있어 중국 경제발전의 원동력으로 평가된다.

1 베이징과 상하이의 도시 면적과 인구 규모

중국을 대표하는 두 도시의 면적과 인구 규모를 알아보자.

　　北京市土地面积为16410.54平方公里，全市分14个区、2个县。截至2011年末，全市常住人口为2018.6万人，其中常住外来人口为742.2万人。上海全市土地面积为6340.5平方公里，全市共辖16区、1县。2010年末，全市常住人口2347.46万人，其中常住外来人口为935.36万人。

上海

北京

2 부동산 거품의 후유증 鬼城

막대한 자금을 투자해 조성은 했지만 입주자가 없어 텅 빈 유령도시. 중국의 **鬼城**이 생겨난 원인에 대해 알아보자.

　　随着城市化的推进，出现了越来越多的新规划高标准建设的城市新区，这些新城新区因空置率过高，鲜有人居住，夜晚漆黑一片，被形象地称为"鬼城"。中国媒体称此为"市长经济"的后遗症。也就是说，一些地方政府领导人为创出政绩而过分地进行开发投资，助长了泡沫经济，最终使整个国家的经济陷入危机。目前"鬼城"指数位居前十位的城市是 二连浩特[1]、钦州[2]、拉萨[3]、嘉峪关[4]、井冈山[5]、威海[6]、锡林浩特[7]、嘉兴[8]、石嘴山[9]、三亚[10]。

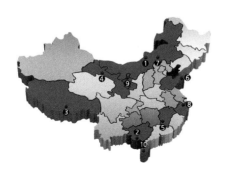

听下面一段文章后回答问题。(1-2)

1. 在横线上填上恰当的词语。

① 1842年，_____后，上海成为中国五大对外通商口岸之一。

② 通商口岸是西方资本_____中国的主要_____。

③ 上海在_____就已成为远东地区的国际_____。

2. 根据文章的内容，回答问题。

① 问：上海的人口和土地面积占全国的比率是多少？

答：_____

② 问：上海的港口货物吞吐量占全国的比率是多少？

答：_____

3. 用下面的词语，组成一句话。

① 중국 정협은 중국의 수도를 베이징으로 정했다.

中国的 / 定于 / 中国政协 / 国都 / 北京 / 决定 / 将

⇨_____

② 베이징올림픽 전후로 현대화된 건물들이 우뚝 솟아올랐다.

前后 / 拔地而起 / 建筑物 / 北京奥运会 / 现代化的 / 在

⇨_____

③ 상하이는 세계화의 막중한 책임을 짊어지고 있다.

面向 / 肩负着 / 上海 / 重任 / 世界的

⇨_____

4. 用所给词语造句。

① 글로벌 시대에 부합하는 도시 이미지를 만들기 위해 노력한다. 为……而……

⇨_____

② 훼손이냐, 개발이냐를 둘러싼 논쟁이 계속 이어지고 있다. 围绕……争论

⇨_____

③ 상하이는 영향력 발휘와 견인차 역할을 하고 있다. 发挥……作用

⇨_____

5. 根据下面的内容，选择正确的答案。

　　顾名思义，四合院就是东南西北四面建房，合围出一个院子，院子的外墙又组成了胡同的边墙。院内北房为正房，东西两侧为厢房，除大门外，没有窗户或通道与胡同相连。四合院里宁静、封闭，是老北京的传统住宅。胡同是北京特有的一种古老的城市小巷，最早起源于元朝。"胡同"一词在蒙古语中是"小街巷"的意思。它们围绕在紫禁城周围，大部分形成于元、明、清三个朝代。胡同中的主要建筑几乎全部是四合院。

① 文章的主要内容是：

a. 四合院和胡同
b. 四合院的起源
c. 北京传统住宅
d. 北京旅游景点

② 关于四合院，正确的是：

    a. 院子的边墙是胡同的外墙

    b. 院内南方为正方，东西两侧为厢房

    c. 院里宁静、封闭

    d. 是老上海的传统住宅

③ 关于胡同，不正确的是：

    a. 一种古老的城市小巷

    b. 蒙古语中是"小街巷"的意思

    c. 大部分形成于元朝

    d. 胡同中的主要建筑是四合院

6. 朗读下面内容。

> 1949年，中国政协决定将中国的国都定于北京。北京是中国政治和科学文化的中心，也是中国历史文化名城和古都之一。今日，很多中国人和外国人以旅游、商务为目的纷纷前往北京。北京的旅游景点达200多处，天安门和长城是代表北京的标志性建筑物，是中国悠久历史的见证。

7. 简单回答以下问题。

① 根据课文的内容，今日上海的角色是什么?

② 请说说你对北京城市开发建设的看法。

③ 请介绍韩国的传统住宅。

05

중국의 표준어 푸통화

중국어의 표준어와 방언은 어떻게 구분할까? 13억 중국인을 하나로 묶는 표준어 보급의 문제점을 알아보고, 한자의 변천과정을 이해해 보자.

* 普通话的定义是什么?
* 普通话的推广上所存在的问题是什么?
* 汉字经历了怎样的演变过程?

细读 01

현대 중국어의 표준어 普通话

✓ 단어 check!

联合国 Liánhéguó UN, 유엔
现代汉语 xiàndài Hànyǔ
　　　　현대 중국어
方言 fāngyán 방언
白话文 báihuàwén
　　백화문(구어체)으로 쓰여진 문장
著作 zhùzuò 저서, 저작
规范 guīfàn 규범
通常 tōngcháng 보통, 통상
客家 Kèjiā 객가, 하카(하카방언
　　은 베이징어와 광둥어의 중
　　간적 특징을 지님)
若干 ruògān 약간, 조금
次方言 cìfāngyán 하위 방언
土语 tǔyǔ 토착어

　　中国有80种以上的语言。其中汉语是中国使用人数最多的语言，也是世界上使用人数最多的语言，而且是联合国六种正式工作语言之一。汉语是中国汉民族的共同语，中国除占总人口90%以上的汉族使用汉语之外，有些少数民族也转用或兼用汉语。
　　现代汉语有标准语(普通话)和方言之分＊。普通话以北京语音为标准音、以北方话为基础方言、以典范的现代白话文著作为语法规范。而汉语方言通常分为七大方言：北方方言、吴方言、湘方言、赣方言、客家方言、粤方言、闽方言。各方言区内又分布着若干＊次方言和许多种土语。

 Track 21

📖 구문 check!

＊ 现代汉语有标准语(普通话)和方言之分。 현대 중국어는 표준어(푸통화)와 방언으로 나뉜다.

> **有……之分 : ~로 나뉘다** 문어 표현으로 有 뒤에는 두 개의 대조되는 대상이 온다.
> 例 亲戚还有远近之分。 친척 중에서도 가깝거나 먼 사람으로 나뉜다.

＊ 各方言区内又分布着若干次方言和许多种土语。
각 방언의 지역에는 몇 가지 하위 방언과 여러 토착어가 있다.

> **若干 : 약간의** 신문 제목이나 공문서의 제목에 쓰일 경우, '몇 가지'라고 해석하는 것이 자연스럽다.
> 例 关于加快发展循环经济的若干意见 순환 경제발전 가속화와 관련된 몇 가지 의견

✓ 시사&상식 check!

联合国工作语言　UN 안전보장이사회 상임이사국(미국, 영국, 프랑스, 중국, 러시아)의 언어를 기본으로 영어, 불어, 중국어, 러시아어에 세계 최다 사용 언어인 남미의 스페인어와 중동의 아랍어가 추가되어 현재 6개의 공식 지정 언어가 있다.

白话文　백화문. 당(唐) 이후부터 확립되어 온 중국어의 구어체(백화)로 이를 글로 표기한 것이다. 많은 통속 문학 작품이 백화로 쓰였으나 근대에 이르기까지 민중의 언어로 저속하게 여겼다. 청(清) 몰락 후 난해한 문언문학을 배척하고 구어문에 기초한 '백화문학'이 강조되어 현대 중국어의 형성에 기여였다.

표준어 보급 사업 任重道远

　　虽然中国人口普通话整体水平有了长足的进步，但由于中国方言种类多且语音复杂，因此在发展中仍存在不少问题。中国有许多方言中"h"和"f"不分、"n"和"l"不分，还有一些地方平舌音和卷舌音不分。这样，在学习和运用普通话的过程中*，难度就加大了不少。

　　最大的问题是中国各地的一些教师没有掌握标准读法，多数教师普通话不过关，教师不能以身作则。因此，教师正确使用普通话已成为当前迫切需要解决的课题。教师在普通话水平达标*以后仍有两个任务要坚持完成：一是不仅在教学时坚持使用普通话，而且在各种场合也都要坚持使用普通话；二是要继续提高普通话水平。

 Track 22

📖 구문 check!

* **在学习和运用普通话的过程中**，难度就加大了不少。
　푸통화를 학습하고 운용하는 과정에서 어려움이 가중되었다.

> **在……过程(当)中：~의 과정에서**
> 例 这是在社会发展的过程中，会出现的问题。이것은 사회가 발전하는 과정에서 발생할 수 있는 문제이다.

* **达标**以后仍有两个任务要坚持完成。
　기준에 도달한 후에도 여전히 계속해서 완수해야 할 두 가지 임무가 있다.

> **达标：기준에 달하다**　达到标准의 간략한 표현이다. 及格보다는 높은 수준을 뜻하며, 合格의 동의어이지만 주로 부정적인 상황에서 쓰인다.
> 例 如果成绩不达标，就会留级。성적이 기준에 못 미치면 바로 유급이다.

漢字의 변천 从甲骨文到简体字

✓ 단어 check!

甲骨文 jiǎgǔwén 갑골문
简体字 jiǎntǐzì 간체자
源远流长 yuányuǎn liúcháng
　　　　　　역사가 유구하다
硕果仅存 shuòguǒjǐncún
　　　　　몇 안 되는 훌륭한 것
方块 fāngkuài 사각형
符号 fúhào 기호, 부호
逐渐 zhújiàn 점점, 점차
脱离 tuōlí 벗어나다
象形 xiàngxíng 상형
分水岭 fēnshuǐlǐng 분수령
辅助 fǔzhù 보조적인
演变 yǎnbiàn 변천하다
稳定 wěndìng 안정적이다
繁体字 fántǐzì 번체자
简省 jiǎnshěng 줄이다

汉字源远流长。它既是世界上最古老的文字之一，又*是至今硕果仅存的一种方块文字。六千多年前，汉字起源于图画，是可读出来的图画。后来图画越来越符号化，逐渐脱离图画，形成象形的汉字。汉字经历了从甲骨文到金文、篆书、隶书和楷书的发展过程，逐渐形成现代汉字。隶书的出现是古今文字的分水岭。今文字阶段即隶楷阶段，还出现了辅助书体—草书和行书。

汉字演变的总趋势是由繁到简，汉字字形字体逐步规范化、稳定化。从新中国成立以后，中国开始使用简体字。简体字就是相对繁体字而言*，笔画简省的字。繁体字在简化字普及前曾经在海外占主流，但由于中国在国际上占重要地位，半个世纪以来，尤其是近30年，外国人学习中文时基本使用简化字。

📖 구문 check!

＊它既是世界上最古老的文字之一，又是至今硕果仅存的一种方块文字。
한자는 세계에서 가장 오래된 문자 중 하나이며, 지금까지 남아 있는 몇 안 되는 장방형 문자이다.

> 既……又……：～하고 (또) ～하다　又……又……와 쓰임이 같지만 既보다 又뒤에 오는 내용을 더 강조한다.
> 例 应该做到既会工作，又会休息。일할 줄도 알고 놀 줄도 알아야 한다.

＊简体字就是相对繁体字而言，笔画简省的字。간체자는 번체자에 비해 필획이 간단한 글자이다.

> 相对……而言：～와 비교해 볼 때　相对 뒤에 비교 대상이 온다. 相对于로도 쓸 수 있다.
> 例 在教育内部，普通教育是相对职业教育而言的。교육계에서 보통교육은 직업교육과 비교해서 일컫는 용어이다.

✓ 시사&상식 check!
仓颉造字说　창힐기원설. 중국인의 시조 황제(黄帝)의 사관이었던 창힐(仓颉)이 한자를 만들었다는 설이다. 그러나 문자는 사회 구성원 간의 약정 속성에 의한 것으로 창힐은 당시 사용되던 문자를 정리했던 것으로 유추된다.

1 한자의 변천 과정

한자는 거북의 등껍질이나 동물의 뼈 등에 새긴 갑골문(甲骨文), 주로 주물 용기에 새겨 쓴 금문(金文), 대전과 소전으로 나뉘는 전서(篆书), 전서를 간략화한 예서(隶书), 한(汉) 후기부터 쓰인 정자체 해서(楷书), 해서의 반흘림체인 행서(行书), 흘림체인 초서(草书)의 발전 과정을 거치며 현대 한자를 형성해왔다. 다음 각 단계의 글자 모양을 살펴보며 한자의 변천 과정을 이해해보자.

甲骨文	金文	小篆	隶书	楷书	行书	草书
人	人	人	人	人	人	人
天	天	天	天	天	天	天
火	火	火	火	火	火	火
牛	牛	牛	牛	牛	牛	牛
鼎	鼎	鼎	鼎	鼎	鼎	鼎

2 중국 네티즌 용어 网络用语排行榜前10强

중국 네티즌(网民)이 자주 사용하는 용어를 살펴보고, 중국 친구와의 SNS 대화에 활용해보자.

1	顶	dǐng	지지하다. 찬성하다
2	555	wǔwǔwǔ	呜呜呜. 엉엉엉. 슬피 우는 소리
3	ding	ding	찬성하다. 지지하다 顶의 발음을 알파벳으로 나타냄
4	mm/MM:	mèimei	여동생 妹妹의 발음을 알파벳으로 줄임
5	LZ	lóuzhǔ	홈페이지 주인 楼主의 발음을 알파벳으로 줄임
6	DD/dd	dìdi	아우. 남동생 弟弟의 발음을 알파벳으로 줄임
7	88	bàibai	바이바이(bye-bye) 拜拜의 발음을 숫자로 나타냄
8	偶	wǒ	我. 나
9	马甲	mǎjiǎ	닉네임 원래의 뜻은 '말의 갑옷'
10	ddd	dǐngdǐngdǐng	매우 지지하다 顶顶顶의 음을 알파벳으로 나타냄

출처: 世界经理人网

听下面一段文章后回答问题。(1—2)

1. 在横线上填上恰当的词语。

① 既是世界上最_____的文字之一，又是至今_____的一种方块文字。

② 后来图画越来越_____，逐渐_____图画。

③ 汉字字形字体逐步_____、_____。

2. 根据文章的内容，回答问题。

① 问: 汉字的起源是什么?

答: _____

② 问: 列举汉字的发展过程。

答: _____

3. 用下面的词语，组成一句话。

① 각 방언의 지역에는 몇 가지 하위 방언과 여러 토착어가 있다.

若干 / 和 / 各方言区内 / 次方言 / 土语 / 分布着 / 许多种

⇨ _____

② 기준에 도달한 후에도 여전히 계속해서 완수해야 할 임무가 있다.

任务 / 有 / 要 / 达标 / 完成 / 仍 / 以后 / 坚持

⇨ _____

③ 한자의 변천 흐름은 복잡함에서 단순해졌다.

简 / 演变的 / 是 / 到 / 由 / 繁 / 总趋势 / 汉字

⇨ _____

4. 用所给词语造句。

① 현대 중국어는 푸통화와 방언으로 나뉜다. 有……之分

⇨ _____

② 푸통화를 학습하는 과정에서 어려움이 더욱 가중되었다. 在……过程中

⇨ _____

③ 간체자는 번체자에 비해 필획이 간단한 글자이다. 相对……而言

⇨ _____

5. 根据下面的内容，选择正确的答案。

　　虽然中国人口普通话整体水平有了长足的进步，但由于中国方言种类多且语音复杂，因此在发展中仍存在不少问题。中国有许多方言中"h"和"f"不分、"n"和"l"不分，还有一些地方平舌音和卷舌音不分。最大的问题是中国各地的一些教师没有掌握标准读法，多数教师普通话不过关，教师不能以身作则。因此，教师正确使用普通话已成为当前迫切需要解决的课题。

① 文章的主要内容是：

a. 中国人口普通话水平
b. 普通话和方言的区别
c. 推广普通话存在的问题
d. 普通话推广活动方案

② 在中国方言中，不是经常出现的问题是：

    a. "h" 和 "f" 不分

    b. 平舌音和卷舌音不同

    c. "n" 和 "l" 不分

    d. 平舌音和卷舌音不分

③ 关于教师的普通话水平，正确的是：

    a. 一些没有掌握标准读法

    b. 极为少数不过关

    c. 都正确使用普通话

    d. 绝大多数已达标

6. 朗读下面内容。

> 　　现代汉语有标准语和方言之分。普通话以北京语音为标准音、以北方话为基础方言、以典范的现代白话文著作为语法规范。而汉语方言通常分为七大方言：北方方言、吴方言、湘方言、赣方言、客家方言、粤方言、闽方言。各方言区内又分布着若干次方言和许多种土语。

7. 简单回答以下问题。

① 请根据课文的内容，介绍现代汉语的特点。

② 请根据课文的内容，叙述汉字的演变过程。

③ 请介绍韩国语的标准语和方言。

06

가오카오와 명문 대학

아무리 아름다운 옥도 다듬지 않으면 그릇이 될 수 없듯이(玉不琢, 不成器) 사람도 배우지 않으면 인재가 될 수 없다. 예로부터 배움을 강조해 온 중국의 입시 제도와 교육, 명문 대학에 대해 알아보자.

* 你对中国高考有什么了解?
* 中国有哪些名牌大学?
* 你对中国重点大学有什么了解?

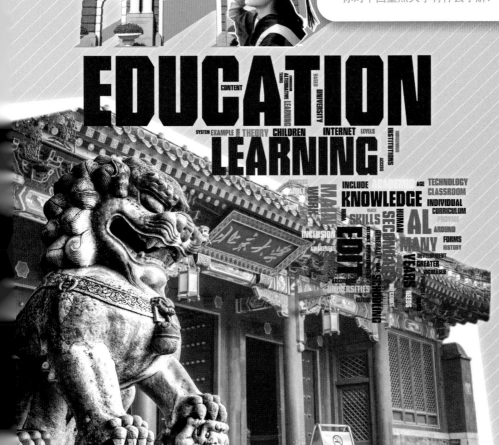

중국의 수능 高考

　　高考是普通高等学校招生全国统一考试的简称，是中国最重要的入学考试。由教育部统一组织调度或实行自主命题的省级考试院命题。每年6月7日、6月8日为考试日，部分省区高考时间为3天。

　　目前中国应用最广、最被人们接受的*实行方案是"3+X"。"3"指"语文、数学、外语"，"X"指按学生自己的意愿，自主从文科综合(涵盖政治、历史、地理)和理科综合(涵盖物理、化学、生物)中*选择一个考试科目。此方案是大部分省区所应用的，总分750分(语文150分、数学150分、外语150分、文科综合/理科综合300分)。根据统计，每年有超过900万的学生因为高考而与炙热竞争奋斗。2008年是全国高考人数的峰值，达到创纪录的1050万人。

📖 구문 check!

* 最被人们接受的实行方案是"3+X"。 가장 많이 수용된 실행방안은 '3+X'이다.

> **被(人们)接受的……** : (사람들에게) 받아들여진　　被 뒤의 人们를 생략하여 사용할 수 있으며, '수용되는',
> '인정되는', '용납되는'으로 해석할 수 있다.
>
> 例 被普遍接受的观点　보편적으로 인정되는 관점

* 从文科综合和理科综合中选择一个考试科目。
　文과 종합과 이과 종합 중에서 하나의 입시 과목을 선택한다.

> **从……中** : ~중에서　　범위를 나타낸다. 从中으로도 쓰여 '그 가운데서', '중간에서'로 해석한다.
>
> 例 从四个选项中选择一个正确答案。 4개의 보기에서 하나의 정답을 선택하다.
>
> 从中牟利。 중간에서 이익을 취하다.

✔ 시사&상식 check!

高考时间　중국의 수능인 가오카오는 매년 동일한 날짜에 실시된다. ・6月7日: 09:00~11:30 语文 / 15:00~17:00 数学 ・6月8日: 09:00~11:30 文科综合&理科综合 / 15:00~17:00 英语)

高等学校　대학, 전문대학, 직업기술대학, 전문대학을 아우르는 말. 줄여서 高校라고 한다.

명문 대학 랭킹 重点大学

2014年12月，中国校友会网公布了2014中国大学排行榜。报告显示，北京大学7年蝉联中国第一；清华大学位居*第二；上海交通大学位居第三，比去年上升2个名次；复旦大学排名第四；武汉大学排名第五，首次进入全国五强，创历史*最高排名；浙江大学下降两位，位居第六；中国人民大学升至第七，比去年上升5个位次；南京大学下降2个名次，名列第八；吉林大学位居第九；中山大学名列第十。尤其在学科研究方面，清华大学学科评估结果最佳，北京大学居全国第二，中国人民大学名列第三。这三所是中国最具影响力的大学。一般认为北京大学的文科研究蓬勃，清华大学的理工科有最高评价，中国人民大学则在社会科学方面见长。

 Track 27

✎ 구문 check!

＊ 清华大学位居第二。 칭화대학이 2위를 차지했다.

> 位居 : (순위를) 차지하다, 위치에 오르다 居, 名列, 列, 排名과 동일하게 쓰일 수 있다.
>
> 例 武汉大学排名第五。 우한대학이 5위에 올랐다.
>
> 南京大学下降2个名次, 名列第八。 난징대학이 두 계단 떨어져 8위에 머물렀다.

＊ 创历史最高排名。 사상 최고 순위를 기록하다.

> 创历史…… : 사상 ~을(를) 기록하다 '역사상 처음으로', '유례없는' 등으로 해석할 수 있다.
>
> 例 人口出生率创历史最低。 출생률이 사상 최저치를 기록했다.

重点大学 중점대학(명문대학). 중국은 국가적으로 우수한 고급 인력을 양성하고 대학을 세계적인 교육 기관으로 발전시키기 위해 중점대학을 선정하고 관리하고 있다. 세계 대학 순위에도 꼽히는 베이징대학과 칭화대학은 각각 인문 계열과 이공 계열에서 두각을 나타내고 있다.

일류 대학 육성 프로젝트 211、985、2011

✓ 단어 check!

印发 yìnfā 인쇄 발행하다
纲要 gāngyào 대강, 개요
工程 gōngchéng 사업, 공정
迎接 yíngjiē 맞이하다
挑战 tiǎozhàn 맞서다, 도전하다
批 pī 무리, 집단
源自 yuánzì ~에서 비롯되다
校庆 xiàoqìng 개교 기념
讲话 jiǎnghuà 담화, 연설
入选 rùxuǎn 선발되다, 뽑히다
启动 qǐdòng 시작하다
项目 xiàngmù 항목, 사업
核心 héxīn 핵심

　　1993年国务院印发的《中国教育改革和发展纲要》中，关于"211工程"的主要精神是：为了迎接世界新技术革命的挑战，面向21世纪，重点建设100所左右的高等学校和一批重点学科，实现国际一流大学水平。"985工程"，也称"世界一流大学"工程，名称源自1998年5月4日江泽民在北京大学百年校庆上建设世界一流大学的讲话。最初入选"985工程"的高等学校共有九所。截至2013年末为止*，"985工程"共有39所高校。

　　"2011计划"是继"211工程"、"985工程"之后*，国务院在高等教育系统启动的第三项国家工程。项目以人才、学科、科研三位一体创新能力提升为核心任务。该项目由教育部和财政部共同研究制定并联合实施。该名称源自2011年4月胡锦涛在清华大学百年校庆上的讲话。

📖 구문 check!

* 截至2013年末为止，"985工程"共有39所高校。
  2013년 말까지 985공정에는 모두 39개 대학이 포함되었다.

> 截至……为止 : (시간적으로) ~에 이르기까지　截至 뒤에 시간표현을 써서 기한을 나타낸다.
> 例 截至目前为止，已经申报的人有三万户。 현재까지 신청자는 이미 3만 가구에 이른다.

* 继"211工程"、"985工程"之后…… 211공정과 985공정에 이어……

> 继……之后：~에 이어　接着, 继而의 의미와 같다.
> 例 继去年获得冠军之后，今年又获得了冠军。 지난해 우승한 데 이어 올해 또 우승했다.

✓ 시사&상식 check!

教育改革　21세기에 대비해 100대 일류 대학을 조성하는 덩샤오핑의 '211공정'과 30곳의 세계적인 일류 대학을 육성하는 장쩌민의 '985공정'에 이어, 100대 대학에 세계적인 인재를 10명씩 초빙하여 글로벌 창조 지식 기지로 재건하는 후진타오의 '111공정'까지 중국은 대학 교육 정책의 개혁에 심혈을 기울이고 있다.

1 대학입시를 위한 이민 高考移民

중국은 대륙 특성상 지역과 인구 상황에 따라 대학 입시의 제도가 조금씩 다르다. 자녀의 장래를 위해서라면 대륙을 횡단하는 수고도 마다하지 않는 중국의 입시 이민에 대해 살펴보자.

"高考移民"是中国高等教育中的特殊现象。由于中国幅员辽阔、考生众多，且各地区之间教育水平存在较大的差距，所以实行各省、市、自治区分别进行评卷和划定高考录取分数线的政策。部分考生利用各地存在的高考分数线的差异及录取率的高低，通过转学或迁移户口等办法到高考分数线相对较低、录取率较高的地区应考，这被称为"高考移民"。大体而言，高考移民的移入地区分为三类：一是京、沪等经济水平高而高考录取分数线低的直辖市，二是安徽等经济水平低且高考录取分数线也低的东部省份，三是海拔高、经济和教育水平低而高考录取分数线更低的西部地区，包括西北和西南省区。

2 2015中国大学排行榜

대학의 전공과 특성에 따라 선정된 중국 명문 대학의 순위를 살펴보자.

大学类型	第1名	第2名	第3名	第4名	第5名
综合类	北京大学	上海交通大学	复旦大学	武汉大学	浙江大学
理工类	清华大学	华中科技大学	中国科学技术大学	哈尔滨工业大学	北京航空航天大学
师范类	北京师范大学	华东师范大学	华中师范大学	华东师范大学	南京师范大学
医药类	北京协和医学院	首都医科大学	北京中医科大学	哈尔滨医科大学	南方医科大学
财经类	中南财经政法大学	上海财经大学	中央财经大学	西南财经大学	对外经济贸易大学
农林类	中国农业大学	华中农业大学	南京农业大学	西北农林科技大学	北京林业大学
民族类	中央民族大学	中南民族大学	青海民族大学	广西民族大学	云南民族大学
政法类	中国政法大学	西南政法大学	华东政法大学	西北政法大学	国际关系大学
语言类	北京外国语大学	上海外国语大学	北京语言大学	广东外国外贸大学	外交学院

出处：高考网

听下面一段文章后回答问题。(1-2) 🎤 Track 29

1. 在横线上填上恰当的词语。

① 中国校友会网_____了2014中国大学_____。

② 报告显示，北京大学7年_____中国第一；清华大学_____第二。

③ 南京大学下降2个_____，_____第八。

2. 根据文章的内容，回答问题。

① 问：上海交通大学2013年在排行榜中排在第几？

答：_____

② 问：中国人民大学2013年在排行榜中排在第几？

答：_____

3. 用下面的词语，组成一句话。

① 두 개의 종합 과목 중에서 하나의 입시 과목을 선택한다.

选择 / 从 / 考试科目 / 两个 / 中 / 一个 / 综合科目

⇨ _____

② 이 세 곳은 중국에서 가장 큰 영향력을 지닌 대학이다.

大学 / 具 / 最 / 这三所 / 影响力的 / 是 / 中国

⇨ _____

③ 일반적으로 베이징대학의 문과 계열 연구가 활발하다고 여겨진다.

研究 / 北京大学的 / 认为 / 蓬勃 / 一般 / 文科

⇨ _____

4. 用所给词语造句。

① 현재 가장 많이 수용된 실행방안은 '3+X'이다. 被人们接受的

⇨_____

② 우한대학은 5위에 오르면서 사상 최고 순위를 기록했다. 创历史

⇨_____

③ 저장대학은 두 계단 떨어져 6위를 차지했다. 位居

⇨_____

5. 根据下面的内容，选择正确的答案。

　　关于"211工程"的主要精神是：为了迎接世界新技术革命的挑战，面向21世纪，重点建设100所左右的高等学校和一批重点学科，实现国际一流大学水平。"985工程"，也称"世界一流大学"工程，名称源自1998年5月4日江泽民在北京大学百年校庆上建设世界一流大学的讲话。最初入选"985工程"的高等学校共有九所。截至2013年末为止，"985工程"共有39所高校。"2011计划"，是继"211工程"、"985工程"之后，中华人民共和国国务院在高等教育系统启动的第三项国家工程。项目以人才、学科、科研三位一体创新能力提升为核心任务。

① 文章的主要内容是：

a. 世界各国的一流大学
b. 国家工程的核心任务
c. 中国高等教育工程
d. 高等教育改革的挑战

② 关于"985工程"，正确的是：

    a. 2013年末，985工程共有九所高校
    b. 江泽民在清华大学校庆上的讲话中提到过
    c. 名称源自1998年5月4日的日期
    d. 也称"中国一流大学"工程

③ 关于"2011工程"，正确的是：

    a. 第一个国家主席工程
    b. 主要内容是建设100所重点学校
    c. 继"985"、"211"之后的第三项工程
    d. 以创新能力提升为核心任务

6. 朗读下面内容。

> 高考是普通高等学校招生全国统一考试的简称，是中国最重要的入学考试。由教育部统一组织调度或实行自主命题的省级考试院命题。每年6月7日、6月8日为考试日，部分省区高考时间为3天。根据统计，每年有超过900万的学生因为高考而与炙热竞争奋斗。2008年是全国高考人数的峰值，达到创纪录的1050万人。

7. 简单回答以下问题。

① 请根据课文的内容，介绍中国教育政策。
② 请说说中国和韩国的重点大学。
③ 请说说中国的高考和韩国的修能。

07

결혼은 늦게,
아이는 하나만

중국은 지금까지 국가차원에서 만혼을 장려하고 한 가정에 한 명의 자녀만 출산하는 엄격한 산아제한 정책을 고수해 왔다. 이에 따른 중국인의 결혼 연령과 출산 정책, 그리고 외동 자녀의 문제점에 대해 짚어보자.

* 中国人的平均结婚年龄多大?
* 目前中国实行的计划生育政策有哪些特点?
* 你对中国独生子女有何了解?

늘어나는 노처녀 · 노총각 晚婚

✓ 단어 check!

晚婚 wǎnhūn 만혼, 늦게 결혼하다
婚姻 hūnyīn 혼인, 결혼
不得 bùdé ~할 수 없다
周岁 zhōusuì 만 나이
违法 wéifǎ 법을 어기다
贯彻 guànchè 관철하다
生殖 shēngzhí 생식
抽样 chōuyàng 표본을 추출하다
数据 shùjù 데이터
初婚 chūhūn 초혼
登记 dēngjì 등록하다

中国婚姻法规定："结婚年龄，男不得早于22周岁，女不得早于20周岁。"即：只有达到了法定婚龄才能结婚，否则就是违法。这是为贯彻控制人口的基本政策。此外婚姻法也鼓励晚婚。近20年来各项统计显示，中国社会的晚婚趋势越来越明显。据1997年全国人口与生殖健康抽样调查数据，当时的妇女平均初婚年龄为23.4岁，平均生育年龄为24.48岁。到了2008年，由一家研究中心主办的*对十个城市的男女初婚年龄调查结论显示：上海男性初婚年龄平均为31.1岁，女性初婚年龄平均为28.4岁。后来的2013年新华网报道称，上海市居民平均结婚登记年龄为男性34.02岁、女性31.61岁。和2008年的数据相比*，上海男女初婚年龄在六年中大了近三岁。

📖 구문 check!

* 由一家研究中心主办的…… 한 연구소에서 주관하는……

> 由……主办的 : ~에서 주관한, ~가 주최하는   由 뒤에 주최자가 오며 由……主办……赞助的의 형태로 쓰이기도 한다.
>
> 例 由教育部主办、文化部赞助的全国少儿作文比赛 교육부가 주최하고 문화부가 후원하는 전국 어린이 백일장

* 和2008年的数据相比, 上海男女初婚年龄在6年中大了近3岁。
  2008년의 통계와 비교하면, 상하이 남녀의 초혼 연령은 6년 동안 약 3세가 높아졌다.

> 和/与/跟/同……相比 : ~에 비해
>
> 例 业绩与去年相比, 有所增长。 회사 실적이 전년 대비 다소 증가했다.

✓ 시사&상식 check!

结婚年龄 중국은 만혼(晚婚)을 장려하기 위해 남성은 22세, 여성은 20세 이전에 결혼할 수 없음을 혼인법으로 규정하고 있다. 그러나 소수민족에게는 고유문화를 존중하고 종족보존을 위해 예외규정을 두고 있다.

结婚登记 중국의 혼인 신고는 반드시 빨간색 배경으로 찍은 신랑·신부 두 사람의 사진을 제출하여 여권과 같은 수첩 형태로 혼인증을 만든다.

한 명만 낳아 잘 기르자! 计划生育政策

　　为了实现人口控制目标，中国政府在1978年开始实行严格的计划生育政策。中国计划生育政策的基本内容是什么？概括起来*就是八个字：晚婚晚育，少生优生。晚婚晚育，就是晚婚，晚生孩子。少生，就是提倡一对夫妇只生一个孩子。优生，就是要提高生育质量，保证婴儿身体健康，智力发达。

　　实行计划生育后，中国的人口自然增长率由1970年的2.58%下降到*2012年的0.495%，是世界平均水平的一半。如果不实行计划生育政策，目前为13亿的人口数量恐怕要达到17亿至18亿。中国基本上坚持计划生育政策，但对有些例外情况，正在调整做法。例如，农村地区夫妇可育有两名子女，人口极为稀少的少数民族则不限制，夫妻二人皆为独生子女或其中一人是独生子女也能生育第二个子女。

 Track 32

📖 구문 check!

※ 概括起来就是八个字。개괄하면 여덟 글자이다.

> **概括起来** : 개괄하면, 간추리면
> 例 大家提了很多意见，概括起来主要有两点。 모두가 여러 의견을 제기했으나 간추리면 두 가지 중요한 점이 있다.

※ 由1970年的2.58%下降到2012年的0.495%。 1970년의 2.58%에서 2010년 0.495%로 떨어졌다.

> **由……下降到……** : ～에서 ～로 하락하다　수치의 구체적인 비교 변화를 나타낼 때 쓰인다.
> 例 产值由去年的50万元增长到今年的100万元。 생산액은 작년의 50만 위안에서 올해 100만 위안으로 증가했다.

✓ 시사&상식 check!

计划生育政策　중국의 인구 제한 정책. 산아제한 정책은 중국의 헌법과 혼인법에 규정된 법규이다. (《宪法》第25条："国家推行计划生育，使人口的增长同经济和社会发展计划相适应。/《婚姻法》，《宪法》第49条："夫妻双方有实行计划生育的义务。"）

夫妻双方或一方为独生子女可生二胎　2013년 관련 법규에서 부부가 모두 외동자녀일 경우, 두 자녀까지 허용했으나 2014년에 다시 부부 중 한 명이 외동 자녀이고 자녀가 이미 한 명이 있을 경우에도 둘째 자녀를 낳을 수 있도록 허용했다.

细读 03

소황제라 불리는 아이들 独生子女

✓ 단어 check!

独生子女 dúshēng zǐnǚ
　　　　외동 자녀
特殊 tèshū 특수하다
群体 qúntǐ 단체, 집단
综合征 zōnghézhèng 증후군
人格 réngé 인성, 인격
状况 zhuàngkuàng 상황, 상태
特征 tèzhēng 특징
同情心 tóngqíngxīn 동정심
良好 liánghǎo 양호하다
需求 xūqiú 수요, 필요, 욕구
接纳 jiēnà 수용하다
障碍 zhàng'ài 장애, 방해하다
缺陷 quēxiàn 결함, 결점
认知 rènzhī 인지하다, 이해하다
总体 zǒngtǐ 총체, 전체
改善 gǎishàn 개선하다

　　自从20世纪80年代中国实行独生子女政策以来，独生子女逐渐成为一个特殊社会群体。一提到独生子女，很多人就会想到"小皇帝"、"小太阳"、"421综合症"等词汇。不过，这并不是一个全面的理解。据"中国城市独生子女人格发展状况与教育调查"结果显示，独生子女就其人格特征来看*，表现为五大优点和四大弱点。五大优点是：重视友谊，富于同情心；具有自信心；具有良好的社会道德素质；自我提高的需求较高；具有广泛的兴趣爱好。四个弱点是：在人格方面成就需要较低，但有较强的攻击需要；在自我接纳方面存在障碍；在创造性、独立性、勤劳节俭方面存在一定的缺陷；在学习方面认知需求较低。从总体上来看*，独生子女一代的发展是正常的社会现象，那些在独生子女身上表现出来的问题，其实只要人们充分重视，就可以逐步改善。

 Track 33

📖 구문 check!

* 就其人格特征来看，表现为五大优点和四大弱点。
인성 특징에서 볼 때, 크게 다섯 가지의 강점과 네 가지의 취약점이 나타난다.

> 就……来看 : ~에서 보면, ~에 있어서　특정 분야, 한정되는 범위, 근거가 되는 범위를 나타낸다.
> 例 就目前情况来看，他的病情有好转。현재의 상황에서 볼 때, 그의 병은 호전되었다.

* 从总体上来看，独生子女一代的发展是正常的社会现象。
총체적으로 볼 때, 외동자녀 세대의 확대는 정상적인 사회현상이다.

> 从总体上来看 : 총체적으로 볼 때　결론을 내리거나 전체적인 내용의 마무리를 지을 때 사용한다.
> 例 从总体来看，这种结局是意想不到的。전체적으로 볼 때, 이런 결말은 예상하지 못한 것이다.

✓ 시사&상식 check!

小皇帝　소황제. 1가구 1자녀 정책에 의해 부모의 과보호 속에서 성장한 외동자녀를 이르는 말이다. 다소 이기적이고 독단적이라는 평가를 받으며 대도시의 자녀일수록 그 경향이 두드러진다.

小太阳　작은 태양. 1가구 1자녀 정책에 의해 집안에서 아이가 중심이 되어 어른들이 그 주위를 맴돌기 때문에 지구와 태양의 관계와 흡사하여 붙여진 이름이다.

421综合症　421증후군. 421은 산아제한 정책으로 인해 생겨난 4명의 조부모와 2명의 부모, 그리고 한 자녀로 구성된 중국의 가족 형태이다. 가족 구성원 모두가 자녀 한 명에게만 관심이 몰려 나타나게 되는 문제점을 가리키는 용어로 인구정책에 의한 중국 사회의 병폐로 볼 수 있다.

1 결혼 축하 메시지

행복한 결혼을 기원하는 중국의 사자성어에 대해 살펴보자.

白头偕老	báitóuxiélǎo	백년해로하다
百年好合	bǎiniánhǎohé	평생 화목하게 살다
百年琴瑟	bǎiniánqínsè	평생 금슬 좋게 살다
和乐鱼水	hélèyúshuǐ	물고기와 물처럼 화목하게 살다
缔结良缘	dìjiéliángyuán	훌륭한 인연을 맺다
喜结连理	xǐjiéliánlǐ	기쁨이 한데 묶이고 서로 사랑하다
花好月圆	huāhǎoyuèyuán	꽃은 예쁘고 달은 둥글다(행복한 신혼)
燕尔新婚	yàn'ěrxīnhūn	화목하고 즐거운 신혼
美满良缘	měimǎnliángyuán	아름답고 원만한 좋은 인연
天生一对	tiānshēngyíduì	천생연분, 천생배필
才子佳人	cáizǐjiārén	재주가 출중한 남자와 아름다운 여자(잘 어울리는 한 쌍)
郎才女貌	lángcáinǚmào	재주가 뛰어난 남자와 아름다운 여자(남녀가 잘 어울림)
珠联璧合	zhūliánbìhé	구슬이 모이고 옥이 합하다(완벽한 한 쌍)

2 산아제한 정책의 예외 규범

현재 중국은 산아제한 정책의 기조를 유지하되 필요에 따라 합법적으로 두 자녀를 허용하는 여러 조항들을 발표하고 있다. 저장성(浙江省)의 예를 살펴보자.

《中华人民共和国人口与计划生育法》第十八条规定：国家稳定现行生育政策，鼓励公民晚婚晚育，提倡一对夫妻生育一个子女；符合法律、法规规定条件的，可以要求安排生育第二个子女。具体办法由省、自治区、直辖市人民代表大会或者其常务委员会规定。2014年许多省份进行了计划生育新政策调整，以浙江为例，《浙江省人口与计划生育条例》第十九条规定，符合下列条件之一的夫妻，经批准，可以再生育一个子女：

（一）双方或一方为独生子女，已生育一个子女的；
（二）双方均为农村居民，已生育一个女孩的；
（三）双方均为少数民族，已生育一个子女的；
（四）一方未生育过，另一方再婚前已生育一个子女的；
（五）一方未生育过，另一方再婚前丧偶并已生育两个子女的；
（六）已生育一个子女，经设区的市以上病残儿童鉴定机构确诊为非遗传性残疾，
　　　不能成长为正常劳动力的。

听下面一段文章后回答问题。(1-2)

1. 在横线上填上恰当的词语。

① 男不得早于＿＿＿＿＿岁、女不得早于＿＿＿＿＿岁。

② 只有达到了法定婚龄＿＿＿＿＿结婚，＿＿＿＿＿就是违法。

③ 这是为贯彻＿＿＿＿＿的基本国策，此外婚姻法也＿＿＿＿＿。

2. 根据文章的内容，回答问题。

① 问: 据2008年调查，上海男女平均初婚年龄多大?

答:＿＿＿＿＿＿＿＿＿＿＿＿＿＿＿＿＿＿＿＿＿＿

② 问: 据2013年调查，上海男女平均结婚登记年龄多大?

答:＿＿＿＿＿＿＿＿＿＿＿＿＿＿＿＿＿＿＿＿＿＿

3. 用下面的词语，组成一句话。

① 지난해와 비교하면, 초혼 연령이 6년 동안 3세가 높아졌다.

六年 / 三岁 / 和 / 中 / 在 / 大了 / 相比 / 初婚年龄 / 去年

⇨ ＿＿＿＿＿＿＿＿＿＿＿＿＿＿＿＿＿＿＿＿＿＿

② 총체적으로 볼 때, 외동자녀 세대의 확대는 정상적인 사회현상이다.

一代的 / 正常的 / 总体上 / 是 / 来看 / 社会现象 / 从 / 发展 / 独生子女

⇨ ＿＿＿＿＿＿＿＿＿＿＿＿＿＿＿＿＿＿＿＿＿＿

③ 사람들이 충분한 관심을 두기만 하면 점차 개선될 수 있다.

改善 / 重视 / 就 / 逐步 / 人们 / 充分 / 只要 / 可以

⇨ ＿＿＿＿＿＿＿＿＿＿＿＿＿＿＿＿＿＿＿＿＿＿

4. 用所给词语造句。

① 중국 사회의 만혼 추세가 점점 더 분명해지고 있다. 越来越

⇨ _____

② 인구 증가율이 1970년 2.5%에서 2010년 0.4%로 떨어졌다. 由……到……

⇨ _____

③ 인성 특징에서 볼 때, 다섯 가지 강점과 네 가지 취약점이 나타난다. 就……来看

⇨ _____

5. 根据下面的内容，选择正确的答案。

为了实现人口控制目标，中国政府实行了严格的计划生育政策。中国计划生育政策的基本内容是什么？概括起来就是八个字：晚婚晚育，少生优生。晚婚晚育，就是晚婚，晚生孩子。少生，就是提倡一对夫妇只生一个孩子。优生，就是要提高生育质量，保证婴儿身体健康，智力发达。如果不实行计划生育政策，目前为13亿的人口数量恐怕要达到17亿至18亿。中国基本上坚持计划生育政策，但对有些例外情况，正在调整做法。例如，农村地区夫妇可育有两名子女，人口极为稀少的少数民族则不限制，夫妻二人皆为独生子女或其中一人是独生子女也能生育第二个子女。

① 文章没有提到的是：

a. 计划生育政策的目标
b. 计划生育政策的过程
c. 计划生育政策的效果
d. 计划生育政策的例外

② 可以生育第三个孩子的地区是：

    a. 农村地区

    b. 边境的少数民族地区

    c. 人口极为稀少的城市地区

    d. 人口过少的少数民族地区

③ 与文章内容不一致的是：

    a. 为了实现人口控制目标，实行了计划生育政策

    b. 晚婚晚育的意思就是晚婚，晚生孩子

    c. 少生的主要目的是保证婴儿智力发达

    d. 优生的主要目的是要提高生育质量

6. 朗读下面内容。　　

> 　　五大优点是：重视友谊，富于同情心；具有自信心；具有良好的社会道德素质；自我提高的需求较高；具有广泛的兴趣爱好。四个弱点是：在人格方面成就需要较低，但有较强的攻击需要；在自我接纳方面存在障碍；在创造性、独立性、勤劳节俭方面存在一定的缺陷；在学习方面认知需求较低。

7. 简单回答以下问题。

① 请根据课文的内容，介绍计划生育政策。

② 请说说你对中国计划生育的看法。

③ 请说说你认为合适的适婚年龄。

08

한류와 대중문화

드라마 · 가요 등 TV프로그램의 인기를 뛰어넘어
의료, 미용, 음식 등 한국의 생활과 문화까지
다양한 분야에서 중국 대륙을 뜨겁게 달군
한류의 열풍에 대해 살펴보자.

* 韩流指的是什么?
* 韩国和中国的大众文化有何不同?
* 你觉得韩国大众文化具有的魅力是什么?

열광하는 대륙 韩流

✓ 단어 check!

韩流 Hánliú 한류, 한국풍 유행
广义 guǎngyì 넓은 의미
狭义 xiáyì 좁은 의미
播放 bōfàng 방송하다
影视 yǐngshì 영화와 TV
明星 míngxīng 스타(연예인 등)
热潮 rècháo 붐
股 gǔ 줄기, 가닥
　　　(기체, 냄새 등의 양사)
涌 yǒng 솟아나다
借鉴 jièjiàn 참고로 삼다
选秀 xuǎnxiù 인재를 선발하다
真人秀 zhēnrénxiù 리얼리티 쇼
打造 dǎzào 만들다, 제작하다
惊人 jīngrén 사람을 놀라게 하다

　　广义的韩流包括韩国服饰、饮食、商品等；狭义的韩流则通常指韩国电视剧、电影、音乐等娱乐事物的影响。韩流最初始于韩国电视连续剧在中国的播放。韩国歌手在中国舞台的出现，引起了一些青少年对韩国影视明星和歌手的兴趣和关注*，形成了一股韩国流行歌曲、电视剧以及韩国影视明星的"热潮"。

　　目前，这股"韩流"似乎越涌越急，并使中国开始借鉴韩国的代表性选秀节目的形式。《我是歌手》是湖南卫视从韩国MBC引进*的歌唱真人秀节目。《我的中国星》是湖北卫视和Mnet电视台共同打造的音乐真人秀，以韩国的《Super Star K》为原型。这两个中国版节目的平均收视率竟各达到2.38%、1.27%。考虑到一年中中国仅有十个左右的节目会超过1%的收视率，该成绩被评价为成果惊人。

Track 36

📖 구문 check!

* **引起了一些青少年对韩国影视明星和歌手的兴趣和关注。**
  일부 청소년들에게 한국 배우와 가수에 대한 흥미와 관심을 불러 일으켰다.

> **引起……兴趣/关注 : 흥미/관심을 불러일으키다**　引起는 作用, 争议, 反感 등의 단어와 호응한다.
> 例 他的做法引起了人们的极大反感。그의 행동은 사람들의 큰 반감을 불러 일으켰다.

* **《我是歌手》是湖南卫视从韩国MBC引进的歌唱真人秀节目。**
  「워스꺼쇼우」는 후난 TV가 한국의 MBC에서 들여온 리얼 음악 쇼 프로그램이다.

> **从……引进 : ～에서 도입하다(들여오다)**　제도, 기술, 자본, 상품 등의 다양한 목적어가 올 수 있다.
> 例 这是从国外引进的技术。이것은 해외에서 도입한 기술이다.

✓ 시사 & 상식 check!

韩流 한류. 1990년대 말 한국 TV드라마가 중국에 수출되고, 대중가요가 알려지면서 아시아를 중심으로 한국의 대중문화 열풍이 일었다. 2000년 중국 언론에서 '한류'라는 용어를 처음 사용했으며, 대중문화뿐 아니라 식품, 가전 등 한국 제품에 대한 높은 선호도로 이어졌다. 또한 한국어를 배우고 한국 제품을 애용하는 이들을 가리켜 중국에서는 '합한족(哈韩族)'이라고 부른다.

치맥에서 성형까지 追"韩式"

　　二三十岁中国女游客不断涌向韩国，这是因为越来越多的中国年轻女性在看到韩国电视剧和电影后，想要体验韩国的穿戴和饮食方式。"请做成韩国式的。"这是在首尔江南知名美容店和整容医院聚集地经常能听到的话。留着和韩国女明星相似的*发型、穿着和韩国女明星相似的衣服，享用"炸鸡和啤酒"，是她们梦寐以求的韩国之旅。

　　根据有关资料，中国从2013年开始超越日本，成为来韩游客最多的国家。女性游客是男性游客的1.8倍，其中二三十岁游客最多。她们的主要目的当然是购物。随着韩国电视剧和电影在中国大受欢迎，越来越多的人想要亲身体验主人公式的穿戴和饮食。可以说，中国年轻女性游客购买的不是商品，而是*韩国的生活方式。

구문 check!

＊ 留着和韩国女明星相似的发型、穿着和韩国女明星相似的衣服。

한국 여자 연예인과 유사한 헤어 스타일을 하고, 한국 여자 연예인과 유사한 옷을 입다.

> 和……相似的：~와 유사하다　相似는 外形相似, 音色相似 등으로 감정적으로 느낄 수 있는 것에 사용하는 반면, 비슷한 의미의 类似는 类似现象, 类似问题 등으로 이성적으로 판단할 수 있는 것에 사용한다.
>
> 例 推荐一些和《西游记》相似的电影。「서유기와 유사한 영화들을 추천하다.」

＊ 中国年轻女游客购买的不是商品，而是韩国的生活方式。

중국의 젊은 여성 관광객이 구매하는 것은 상품이 아니라 한국의 생활방식이다.

> 不是……而是……：~가 아니라 ~이다　앞의 내용이 아니라 뒤의 내용임을 강조할 때 사용한다.
>
> 例 读书不是为了父母，而是为了自己。 독서는 부모를 위해서가 아니라 자신을 위한 것이다.

✓ 시사&상식 check!

游客　'관광객'을 뜻하지만 한국에서는 중국인 관광객을 지칭하는 말로 쓰인다. 요우커의 가장 큰 특징은 한번에 다량의 고가 물품을 구매하는 것이다.

中国成为来韩游客最多的国家　법무부 출입국 자료에 따르면 2014년 외국인 입국자는 1,268만 명이며, 이 중 중국인 입국자의 수가 566만 명(44.7%)으로 가장 많았다. 중국인 입국자는 2010년 172만 명에서 4년 만에 3배로 증가했다.

이유 있는 한류 열풍 韩流劲袭

　　"韩流劲袭与好莱坞巨片或者麦当劳汉堡包传播到中国之势，毫无差别。"香港权威性杂志《亚洲周刊》在最新一期上，对韩国大众文化的广泛流行，进行了如此的描述。当今中国的大众文化市场中，外来文化越来越汹涌闯入，韩国电视剧收视率高居不下。相反，中国民族艺术却备受人们冷落。那么，为什么"韩流"受到中国人如此的欢迎呢？

　　杂志对韩国大众文化在中国文化圈中享有很高的感召力分析原因说，由于都扎根在儒教文化土壤上，很容易引起共鸣；两国相似的生活和饮食习惯也是情投意合的因素。还分析说，吸收并消化美国好莱坞和日本剧的长处加上只有韩国才有的独特色彩也是成功的原因之一。

 Track 38

📖 구문 check!

* 对韩国大众文化的广泛流行，进行了如此的描述。
　한국 대중문화의 광범위한 유행에 대해 이렇게 묘사했다.

> 对……进行 : ～에 대해서 ～를 (진행)하다
> 例 对当今的社会问题进行了详细的分析。현재의 사회문제에 대해 상세하게 분석했다.

* 只有韩国才有的独特色彩也是成功的原因之一。
　한국만이 갖고 있는 독특한 특징도 성공의 원인 중 하나이다.

> 只有……才有…… : ～만이 ～를 가지다
> 例 谁说只有他们才有资格发言？누가 그들만 발언할 자격이 있다고 했는가?

《亚洲周刊》　아주주간. 홍콩의 권위 있는 시사 주간지로 아시아 전역의 정치, 사회, 경제, 문화 등 분야별로 다양한 기사가 수록되어 있다.

儒教　유교. 공자를 시조로 하는 중국의 대표적 사상으로 인(仁)을 최고 이념으로 삼고, 수신(修身)·제가(齊家)·치국(治國)·평천하(平天下)의 실현을 목표로 하는 일종의 윤리·정치학으로서 수천 년 동안 중국, 한국, 일본 등 동양 사상을 지배해왔다.

1 새해를 여는 중국의 TV 프로그램 《春节晚会》

새해를 앞둔 12월 31일 밤, 중국인이라면 누구나 본다는 중국 최고 인기 TV프로그램『春节晚会』! 2015년『春节晚会』에는 한국인으로는 최초로 배우 이민호가 출연하여 화제가 되기도 했다.

　　中国中央电视台春节联欢晚会简称为央视春晚, 或直接称为春晚。每年除夕之夜为了庆祝新年而开办。从1983年开办至今, 是中国规模最大、最受关注、收视率最高、影响力最大的综艺性晚会。每年农历除夕北京时间晚8时, 持续4小时至5小时左右, 直到凌晨1时。节目的种类为小品、相声、歌曲、舞蹈、戏曲、曲艺、杂技(含魔术)、民间绝活及其他共9类。节目最后以《难忘今宵》合唱结束。

2 중국 영화를 이끄는 새로운 힘 第六代导演

최근 세계 영화계에서 크게 주목받는 중국 영화를 이끄는 제6세대 감독과 그들의 작품 세계에 대해서 살펴 보자.

　　第六代导演一般是指上世纪80年代中、后期进入北京电影学院导演系, 90年代后开始执导电影的一批年轻的导演。他们大多出生于60-70年代, 基本上没有受过"文革"的影响, 不存在受到压抑的切肤之痛。第六代亲身感受到经济体制的转轨给中国的社会关系、人际关系、家庭关系所带来的重大变动, 经历了电影从神圣的艺术走入寻常生活, 成为一种文化产品的现实过程。所以他们的影片没有通过制造幻觉的快感向市场妥协, 而是更多地关注那些出于禁忌而"不可言说"的社会现实, 更显出直面现实的勇气和真诚。代表人物有: 张元《妈妈》、王小帅《小武》、贾樟柯《十七岁的单车》等。

《妈妈》　　　　《小武》　　　　《十七岁的单车》

听下面一段文章后回答问题。(1-2)

1. 在横线上填上恰当的词语。

① _____和韩国女明星相似的发型，_____和韩国女明星相似的

衣服。

② 享用_____，是她们梦寐以求的韩国之旅。

③ 中国从2013年开始_____日本，成为来韩_____最多的国家。

2. 根据文章的内容，回答问题。

① 问: 来韩国的主要游客是什么人?

答: _____

② 问: 来韩国的中国游客想要做什么?

答: _____

3. 用下面的词语，组成一句话。

① 일부 청소년들에게 한국 배우와 가수들에 대한 관심을 불러 일으켰다.

对 / 和 / 影视明星 / 引起了 / 韩国 / 歌手的 / 关注 / 一些青少年

⇨ _____

② 중국 프로그램의 시청률을 고려하면 이 성적은 놀랍다는 평가를 받고 있다.

该成绩 / 惊人 / 被评价为 / 成果 / 中国 / 节目的 / 考虑到 / 收视率

⇨ _____

③ 한류의 습격은 할리우드 블록버스터가 중국에 들어온 기세와 전혀 다를 바가 없다.

与 / 好莱坞巨片 / 韩流劲袭 / 中国之势 / 传播到 / 毫无差别

⇨ _____

4. 用所给词语造句。

① 중국 여행객이 구매하는 것은 상품이 아니라 한국의 생활방식이다.
不是……而是……

⇨ _____

② 한국 대중문화의 광범위한 유행에 대해 이렇게 묘사했다. 对……进行……

⇨ _____

③ 한국만이 갖고 있는 독특한 특징도 성공의 원인 중 하나이다. 只有……才有……

⇨ _____

5. 根据下面的内容，选择正确的答案。

　　广义的韩流包括韩国服饰、饮食等；狭义的韩流则通常指韩国电视剧、电影、音乐等娱乐事物的影响。韩流最初始于韩国电视连续剧在中国的播放。韩国歌手在中国舞台的出现，形成了一股韩国流行歌曲、电视剧以及韩国影视明星的"热潮"。目前，这股"韩流"似乎越涌越急，并使中国开始借鉴韩国的代表性选秀节目的形式。《我是歌手》是湖南卫视从韩国MBC引进的歌唱真人秀节目。《我的中国星》是湖北卫视和Mnet电视台共同打造的音乐真人秀。这两个中国版节目的平均收视率竟各达到2.38%、1.27%。考虑到一年中中国仅有十个左右的节目会超过1%的收视率，该成绩被评价为成果惊人。

① 文章的主要内容是：

a. 中国的电视节目

b. 韩流在中国的热潮

c. 韩国影视明星和歌手

d. 韩国娱乐节目的收视率

② 与文章内容一致的是：

    a. 韩国大众文化在中国很受欢迎

    b. 狭义的韩流指韩国服饰、饮食、商品等

    c. 韩流最初始于韩国歌手在中国舞台的出现

    d. 中国借用韩国电视节目的形式打造烹饪秀

③ 关于《我是歌手》，正确的是：

    a. 湖北卫视的节目

    b. 从中国引进的韩国音乐秀节目

    c. 中国电视台和韩国电视台共同打造的

    d. 平均收视率达到2.38%

6. 朗读下面内容。

>   杂志对韩国大众文化在中国文化圈中享有很高的感召力分析原因说，由于都扎根在儒教文化土壤上，很容易引起共鸣；两国相似的生活和饮食习惯也是情投意合的因素。还分析说，吸收并消化美国好莱坞和日本剧的长处加上只有韩国才有的独特色彩也是成功的原因之一。

7. 简单回答以下问题。

① 请根据课文的内容，介绍广义和狭义的韩流。

② 根据课文的内容，韩流的感召力有那些？

③ 请说说你所了解的中国大众文化。

09

14개국과 맞닿은 나라

광활한 중국 영토의 전체적인 개관과 이를 효율적으로 관리하기 위한 중국 특유의 행정구역에 대해 알아보고 중국과 인접한 여러 국가와의 영토문제에 대한 지혜로운 해법을 고민해보자.

* "中国地大物博"指的是什么?
* 中国的行政区划名称是怎样的?
* 解决中日领土争端的方法是什么?

CHINA

행정구역 34个省级行政区

단어 check!

宪法 xiànfǎ 헌법
划分 huàfēn 나누다, 구획하다
驻地 zhùdì 소재지
省会 shěnghuì 성도, 정부 소재지
聚居 jùjū 모여 살다
乡镇 xiāngzhèn 향진, 소도시
基层 jīcéng 조직의 말단
设立 shèlì 설립하다
主权 zhǔquán 주권
回归 huíguī 회귀하다
稳定不变 wěndìngbúbiàn
변함없이 안정적이다

据中国宪法规定，中国的行政区域划分如下*：（一）全国分为省、自治区、直辖市；（二）省、自治区分为自治州、县、自治县、市；（三）县、自治县分为乡、民族乡、镇。目前中国有34个省级行政区，包括23个省、4个直辖市、5个自治区、2个特别行政区。省级人民政府驻地称省会（首府）。直辖市和较大的市分为区、县。自治区、自治州、自治县都是少数民族聚居的民族自治地。乡镇是中国最基层的行政单位。必要时国家还可以设立特别行政区。到1999年12月20日澳门主权回归为止*，中国划分了34个省级行政区，之后数量一直稳定不变。

Track 41

구문 check!

* 据中国宪法规定，中国的行政区域划分如下。
  중국 헌법 규정에 따르면, 중국의 행정구역은 다음과 같이 나뉜다.

  > 如下 : 다음과 같다　예시를 나열할 때 쓰이며, 如, 例如로 쓰이기도 한다.
  > 例 我们的行程安排如下。우리의 일정은 다음과 같다.

* 到1999年12月20日澳门主权回归为止……　1999년 12월 20일 마카오의 주권이 이양된 시점까지……

  > 到……为止 : ~까지　为止는 시점의 끝을 나타낸다.
  > 例 到目前为止, 是最成功的实验。현재까지는 가장 성공적인 실험이다.

시사&상식 check!

特别行政区　특별행정구. 별개의 다른 행정 기관이 설치되어 독자적인 법률이 적용되는 등 대폭적인 자치권을 갖는다. 현재 각각 1997년 영국, 1999년 포르투갈로부터 반환받은 홍콩과 마카오 두 곳을 일국양제(一国两制) 체제의 특별행정구로 지정하고 있다.

延边朝鲜族自治区　연변의 중심도시 연길(延吉)은 총 인구수 217만 명 중 80만 명이 조선족이다. 19세기 중엽부터 조선에 재해와 흉년이 계속되어 많은 이재민들이 간도지역으로 이주하기 시작했다. 초기에는 두만강과 압록강 부근에 정착했으나 점차 연변과 기타지역으로 퍼져나갔다. 항일전쟁과 1945년 일본의 패전 후 국공 내전 참여와 신중국 건설 공헌으로 중국 공민의 자격을 부여 받아 1952년 연변조선족자치주를 건설했다.

细读 02

✓ 단어 check!

辽阔 liáokuò 넓고 광활하다
仅次于 jǐncìyú 버금가다
接壤 jiērǎng 국경을 접하다
跨越 kuàyuè 뛰어넘다
纬度 wěidù 위도
经度 jīngdù 경도
乌苏里江 Wūsūlǐjiāng
　　　　우수리강
帕米尔高原 Pàmǐ'ěrgāoyuán
　　　　파미르 고원
运输 yùnshū 운송하다
大动脉 dàdòngmài 대동맥
发祥地 fāxiángdì 발상지
流淌 liútǎng 흐르다
治理 zhìlǐ 정비하다
依旧 yījiù 여전히

　　中国领土辽阔, 总面积约960万平方公里, 仅次于*俄罗斯、加拿大, 居世界第3位, 差不多同整个欧洲面积相*等。中国大陆同14国接壤, 与8国海上相邻。中国领土南北跨越的纬度近50度, 东西跨越经度60度多, 最东端的乌苏里江畔和最西端的帕米尔高原时差为4小时多。

　　中国的河流中, 长江是中国第一大河, 全长6300公里, 是中国内河运输的大动脉。以长江为界, 其北为中国北方, 其南为中国南方。黄河是中国第二大河, 全长5464公里。黄河流域是中国古代文明的发祥地, 有许许多多的古迹文物。自古以来, 河流周边城市就是政治和行政的中心地, 也是中国文化形成的基础。直到现在, 长江和黄河依旧流淌在大陆心脏部位, 其治理政策仍是国家级的重要事业。

 Track 42

📖 구문 check!

＊ 仅次于俄罗斯、加拿大, 居世界第3位。 러시아, 캐나다에 이어 세계 3위이다.

> 仅次于……: ～에 이어, ～다음으로　첫 번째는 아니지만 그 뒤를 '바짝 뒤쫓는'의 의미로 쓰인다.
> 例 中国已成为第三经济大国, 仅次于美国和日本。 중국은 미국과 일본에 이어 제3의 경제대국이다.

＊ 差不多同整个欧洲面积相等。 거의 유럽 전체 면적과 같다.

> 同/与……相……: ～와 서로 ～하다　둘 이상의 대상을 거론하여 相 뒤에 오는 어휘에 따라 다양하게 표현한다.
> 例 中国与多少个国家相邻? 중국은 몇 개의 국가와 이웃하고 있는가?

✓ 시사&상식 check!

青藏高原　칭짱고원. 칭하이(青海)성과 시짱(西藏)자치구를 합쳐서 붙인 지명으로 티베트 고원의 북쪽에 있는 고원이다. 파미르 고원과 함께 '세계의 지붕'이라 불리며 빙하가 녹아내려 흐르는 하천과 호수, 넓은 초원, 원시 삼림 등 다채로운 자연환경을 이룬다. 또한 실크로드의 중추에 위치해 다양한 문화의 융합으로 풍부하고 독특한 고원문명을 지닌다.

江北人/江南人　중국의 강북인은 강인하고 다소 거친 성향으로 대화가 통하지 않으면 주먹에 호소하고, 강남인은 온순한 품성으로 아무리 논쟁을 해도 결론 없이 흐지부지 끝나버려 강북에는 간웅과 불량배가, 강남에는 한량과 도련님이 많다고 한다. 또 강남인은 사치스런 반면, 강북인은 실속을 따져서 강남 여인의 옷장에는 비단옷이 가득하고, 강북 여인의 옷장에는 꿰매고 덧댄 몇 벌이 고작이라는 속설이 있다.

중일 영토 분쟁 钓鱼岛

✓ 단어 check!

钓鱼岛 Diàoyúdǎo 댜오위다오
冲突 chōngtū 충돌하다
争端 zhēngduān 분쟁
浮出水面 fúchū shuǐmiàn
　　　　　수면으로 떠오르다
冲绳 Chōngshéng 오키나와
暗礁 ànjiāo 암초
隶属 lìshǔ 종속되다
扩张 kuòzhāng 확장하다
归属 guīshǔ 귀속하다
背后 bèihòu 배후
着眼 zhuóyǎn 고려하다, 착안하다
搁置 gēzhì 내버려 두다
承认 chéngrèn 인정하다
悬案 xuán'àn 현안, 사안
恶化 èhuà 악화되다
争取 zhēngqǔ 힘쓰다

　　2010年9月，"钓鱼岛中国渔船冲突事件"使领土争端问题浮出水面。钓鱼岛，位于台湾和冲绳群岛之间，由东中国海西南面的无人岛和暗礁组成。历史上是中国固有领土，清朝初年起隶属于台湾。由于19世纪末日本对外扩张，钓鱼岛现属于冲绳县，处于日本的有效管理之下。

　　目前，中日钓鱼岛主权归属争端的背后，除了渔业资源之外，还有钓鱼岛附近丰富的海洋油气资源问题。在处理钓鱼岛问题上，中国政府始终着眼于*大局，一贯主张和平协商、搁置争议、共同开发。但日本强硬坚持钓鱼岛是日本领土，不承认存在主权争议。面对历史留给中日两国的悬案，中日两国和则两利，斗则俱伤*。两国不应该使它继续成为可能恶化中日关系的不稳定因素，应争取和平地解决这一问题。

🖐 구문 check!

* 在处理钓鱼岛问题上，中国政府始终着眼于大局。
　댜오위다오 문제 처리에 있어서 중국 정부는 시종일관 대국을 중시한다.

> **着眼于：～을 중시하다**　본래 의미인 '착안하다'에서 '관심을 두다' 혹은 '중시하다'로 의미를 확장할 수 있다.
> 例 着眼于未来。미래로 눈을 돌리다.

* 中日两国和则两利，斗则俱伤。
　중일 양국이 화합하면 모두에게 이익이고, 싸우면 모두에게 해롭다.

> **和则两利，斗则俱伤：화합하면 모두에게 이익이고, 싸우면 모두에게 해롭다**
> 국제 사회에서 양국 관계에 대해 말할 때 자주 인용되는 표현이다.
> 例 中美关系和则两利，斗则俱伤。중미 관계는 화합하면 모두에게 이익이고, 싸우면 모두에게 해롭다.

✓ 시사&상식 check!

钓鱼岛　댜오위다오. 일본어로 센카쿠 열도, 한국어로 조어도. 청일전쟁 때 일본에 편입되었으며 이후 미국이 일본에 반환함으로써 현재까지 일본에 귀속되어 있다. 이 외에 중국은 베트남, 필리핀, 말레이시아 등 주변 국가들과 영토 분쟁을 겪고 있으며, 최근 미국까지 합세해서 마찰을 일으키고 있다. 우리나라와는 이어도의 영유권을 놓고 갈등을 빚고 있다.

1 중국 행정 구역 지도

중국은 현재 23개의 성과 4개의 직할시, 5개의 자치구, 2개의 특별행정구를 포함한 34개의 행정구역으로 나뉘어져 있으며, 각 행정구역에는 정부 소재지인 省会가 있다.

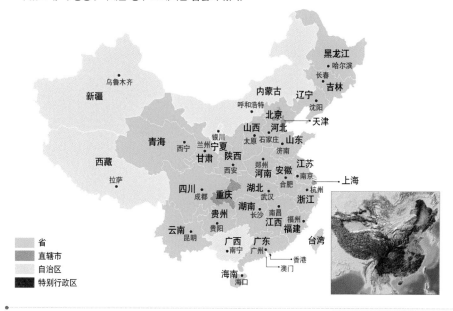

2 중국과 주변국의 해상 영유권 분쟁

중국과 해상 영유권 문제로 갈등을 빚고 있는 지역들을 지도로 살펴보자.

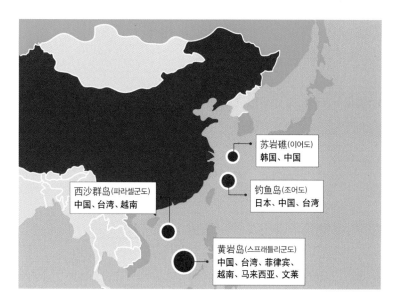

听下面一段文章后回答问题。(1-2)

1. 在横线上填上恰当的词语。

①"钓鱼岛中国渔船冲突事件"使领土争端问题_____。

② 位于台湾和冲绳群岛之间，_____东中国海西南面的无人岛和暗礁_____。

③ 历史上是中国_____领土，清朝初年起_____台湾。

2. 根据文章的内容，回答问题。

① 问：目前钓鱼岛属于哪个国家？

答：_____

② 问：中日钓鱼岛领土争端背后有什么原因？

答：_____

3. 用下面的词语，组成一句话。

① 중국의 영토는 거의 유럽 전체 면적과 같다.

差不多 / 相等 / 整个欧洲 / 领土 / 面积 / 同 / 中国

⇨_____

② 장강과 황하는 여전히 대륙의 심장부를 흐르고 있다.

和 / 黄河 / 在 / 依旧 / 心脏部位 / 流淌 / 大陆 / 长江

⇨_____

③ 중일 양국이 화합하면 모두가 이익이고, 싸우면 모두에게 해롭다.

斗则 / 两国 / 两利 / 中日 / 和则 / 俱伤

⇨_____

4. 用所给词语造句。

① 중국 영토의 총면적은 러시아, 캐나다에 이어 세계 제 3위이다. 仅次于

⇨ _____

② 장강을 경계로 그 북쪽을 중국의 북방이라고 하고, 남쪽을 중국의 남방이라고 한다.
以……为界

⇨ _____

③ 댜오위다오 문제 처리에 있어서 중국 정부는 시종일관 대국을 중시한다. 着眼于

⇨ _____

5. 根据下面的内容，选择正确的答案。

据中国宪法规定，中国的行政区域划分如下：(一) 全国分为省、自治区、直辖市；(二) 省、自治区分为自治州、县、自治县、市；(三) 县、自治县分为乡、民族乡、镇。目前中国有34个省级行政区，包括23个省、4个直辖市、5个自治区、2个特别行政区。省级人民政府驻地称省会(首府)。直辖市和较大的市分为区、县。自治区、自治州、自治县都是少数民族聚居的民族自治地。乡镇是中国最基层的行政单位。并规定国家在必要时还可以设立特别行政区。到1999年12月20日澳门主权移交为止，中国划分了34个省级行政区，之后数量一直稳定不变。

① 文章的主要内容是：

a. 中国行政区划

b. 中国宪法规定

c. 中国行政单位

d. 中国特别行政区

② 关于中国行政区划，不正确的是：

    a. 全国分为省、自治区、直辖市
    b. 省、自治区分为自治州、市、县
    c. 县、自治县分为乡、民族乡、镇
    d. 直辖市分为区、县

③ 与文章内容一致的是：

    a. 行政区划是中国社会法规定的
    b. 目前有33个省级行政区
    c. 国家可以设立特别行政区
    d. 镇是最基层的行政单位

6. 朗读下面内容。

>   中国的河流中，长江是中国第一大河，全长6300公里，是中国内河运输的大动脉。以长江为界，其北为中国北方，其南为中国南方。黄河是中国第二大河，全长5464公里。黄河流域是中国古代文明的发祥地，有许许多多的古迹文物。自古以来，河流周边城市就是政治和行政的中心地，也是中国文化形成的基础。

7. 简单回答以下问题。

① 请根据课文的内容，介绍中国特别行政区。

② 请根据课文的内容，介绍中国领土概况。

③ 请谈谈韩国和周边国家的领土争端。

10

경제 대국의 꿈
현실로

개혁개방 이후 미국과 함께 G2로 부상한 중국의
경제 발전에 대한 향후 전망과 중국 정부의 야심
찬 경제 계획 전략, 그리고 한중FTA를 통한 한중
무역의 상호보완성에 대해 알아보자.

* 你对中国经济发展有何见解?
* 中国的经济发展战略是什么?
* 自贸协定（FTA）是什么?

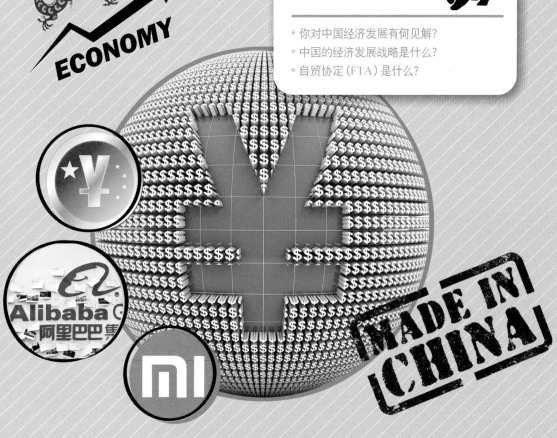

ECONOMY

Alibaba
阿里巴巴集

MI

MADE IN
CHINA

细读 01

세계 속의 중국 경제 机遇大于挑战

✓ 단어 check!

密切 mìqiè 밀접하다
下岗 xiàgǎng 퇴직하다
看好 kànhǎo 낙관하다
预测 yùcè 예측하다
赢家 yíngjiā 승자
压缩 yāsuō 압축하다
必然 bìrán 분명히, 반드시
矛盾 máodùn 갈등, 모순
集中 jízhōng 집중하다
机遇 jīyù 기회, 시기
思路 sīlù 사고의 방향
得力 délì 효과가 있다
乘势 chéngshì 기세를 몰아
小康 xiǎokāng 중등 생활 수준

"中国的经济发展很快"，相信这句话大家都听过。很多中国人感受到经济与生活有密切的关系，都觉得经济是最值得讨论的话题。像"市场经济"、"改革开放"、"下岗"之类*的词在中国已经成为生活中的日常用语。世界也看好中国的发展，都说中国的经济增长会持续下去。甚至预测在30年之内，中国将成为世界上最大的赢家。但是，这又意味着中国要把西方发达国家几百年的问题压缩到几十年中来解决，时间压缩必然使矛盾集中。当然，对中国来说，总的趋势仍然是机遇大于挑战。只要中国发展思路正确，政治措施得力，中国就能够乘势而上，为全面建设小康社会打下坚实的基础*。

Track 46

📖 구문 check!

* 像"市场经济"、"改革开放"、"下岗"之类的词在中国已经成为生活中的日常用语。

  '시장경제', '개혁개방', '퇴임' 등과 같은 어휘들은 중국에서 이미 일상용어가 되었다.

> 像……之类 : ~와 같은   유사한 비교 대상이나 예시를 제시할 때 사용한다.
> 例 像冰箱、空调、电视机之类的家电都是进口货。 냉장고, 에어컨, TV와 같은 가전은 모두 수입품이다.

* 为全面建设小康社会打下坚实的基础。

  전면적인 중산층 수준의 사회를 건설하기 위해 탄탄한 기초를 다지다.

> 打下……基础 : 기초를 다지다   '기초를 쌓다', '기초를 닦다' 등의 관용 표현이다.
> 例 为今后的发展打下良好的基础。 앞으로의 발전을 위해 양질의 기초를 다지다.

✓ 시사&상식 check!

改革开放   1978년 제11기 3중전회부터 중국 정부가 실시한 국내 개혁과 대외 개방 정책이다. 개혁개방으로 사회주의 시장경제 체제가 수립되었으며, 1992년 개혁개방의 총설계자인 덩샤오핑의 남순강화(南巡讲话) 이후 새로운 단계로 접어든 개혁개방은 중국을 오늘날의 G2 경제대국으로 만들었다.

下岗   岗은 岗位(gǎngwèi), 즉, '직장'의 의미로 공산주의 계획경제 체제에서 사회주의 시장경제 체제로 전환하면서 기업의 구조조정 중 나타난 감원 현상이다. '명퇴', '실직' 등으로 해석할 수 있다.

중국의 '차이나 드림' "新三步走"战略

✓ 단어 check!

十三大 shísān dà 중국 공산당
제13기 전국대표대회

部署 bùshǔ 배치하다

翻一番 fān yì fān 배가 되다

温饱 wēnbǎo
의식주를 해결한 생활 수준

设想 shèxiǎng 구상, 생각

富裕 fùyù 부유하다

富强 fùqiáng 부강하다

文明 wénmíng 문명화되다

框架 kuàngjià 뼈대, 골격

崛起 juéqǐ 우뚝 솟다

伟大 wěidà 위대하다

复兴 fùxīng 부흥하다

　　"三步走"是1987年党的十三大提出的中国经济建设总体战略部署。即：第一步，从1981年到1990年，国民生产总值(GNP)翻一番*，解决人民温饱问题；第二步，从1991年到20世纪末，国民生产总值再翻一番，人民生活水平达到小康水平*；第三步，到21世纪中叶，进入中等发达国家行列。

　　上个世纪90年代，党的十五大根据变化的实际情况，又提出21世纪中国社会发展的"新三步走"设想。即：第一个10年，全面建设小康；第二个10年，达到富裕小康水平；第三步，到2050年建国100年时，基本实现现代化，建成富强文明民主的社会主义国家。十八大以后，"新三步走"战略的框架基本形成。中国的最终目标是中国的崛起，即实现社会主义现代化和中华民族伟大复兴的中国梦。

📖 구문 check!

＊ 从1981年到1990年, 国民生产总值翻一番。 1981년부터 1990년까지 GNP를 두 배로 늘린다.

> **翻一番 : 배로 늘다** 　翻两番은 4배로 늘어남을 의미한다.
> 例 今年公司的年产量要翻一番。 올해 회사의 연 생산량을 두 배로 늘려야 한다.

＊ 人民生活水平达到小康水平。 국민의 생활 수준이 중산층 수준에 이르다.

> **达到……水平 : ~의 수준에 달하다** 　达到 뒤에는 '목표', '수준' 등의 결과를 나타내는 목적어가 오며, 이합동사로 부정형은 达不到이다.
> 例 我国的经济力量现在达到了相当水平。 우리나라의 경제력이 상당한 수준에 도달했다.

✓ 시사&상식 check!

温饱/小康　원바오(温饱)는 따뜻하게 입고 배부르게 먹는 기본 의식주가 해결된 생활 수준을 의미한다. 그다음 단계인 샤오캉(小康)은 중산층 수준으로 전문가들은 이 기준을 식품 위주의 생활 필수품 소비지출이 총 소비지출의 40~50%, 1인당 연평균 소득 1,000달러로 보고 있다.

中国梦　중국의 꿈(차이나 드림). 시진핑 주석이 2012년 처음 언급한 용어로 중화 민족의 위대한 부흥을 의미한다.

細读
03

한중무역과 FTA 韩中自由贸易协定

✔ 단어 check!

建交 jiànjiāo 수교하다
迅猛 xùnměng 빠르고 맹렬하다
贸易 màoyì 무역
伙伴 huǒbàn 파트너
来源国 láiyuánguó 원천국
投资 tóuzī 투자하다
总和 zǒnghé 총화, 총계
至于 zhìyú ~에 관해서는
就业 jiùyè 취업하다
双赢 shuāngyíng
　　원윈, 양측 모두 이익을 얻다
收获 shōuhuò 수확
单方面 dānfāngmiàn 일방
有助于 yǒuzhùyú 도움이 되다
防止 fángzhǐ 방지하다
空洞化 kōngdònghuà (산업)공동화
泄漏 xièlòu 누설하다
忽视 hūshì 소홀히 하다

自1992年建交以来，韩中两国关系迅猛发展。1992年，韩中贸易额为50亿美元，到2014年达2906亿美元，是建交之初的58倍。中国早已成为韩国最大贸易伙伴、最大出口市场、最大进口来源国、最大海外投资对象国。韩中双边贸易额超过了韩美、韩日、韩欧贸易额的总和。至于*签订韩中FTA问题，在就业和贸易、投资等各方面，韩国与中国将实现双赢。尤其，韩国的收获更多。过去，韩国企业单方面地对中国进行投资，然后将*产品出口到美国。但在中韩签订FTA后，中国也将通过"走出去"战略对韩国市场进行更多的投资。这有助于防止韩国产业空洞化。部分韩国学者担心技术会泄漏到中国。但是，13亿人口的巨大市场将向韩国全面开放，这一点不能忽视。

 Track 48

📖 구문 check!

＊ 至于签订韩中FTA问题······ 한중 FTA체결 문제에 관해서는······

> 至于 : ~에 관해서는　한 주제에 대해 언급하는 关于, 对于와 달리 다른 주제로 전환할 때 사용되기도 한다.
> 例 至于具体计划，我们改天再说吧。구체적인 계획에 대해서는 다음에 논의하자.

＊ 这有助于防止韩国产业空洞化。이것은 한국의 산업 공동화를 방지하는 데에 도움이 된다.

> 有助于 : ~에 도움이 되다　유사한 표현법으로 有利于(~에 유리하다), 有害于(~에 해롭다) 등의 표현이 자주 쓰인다.
> 例 喝茶有助于睡眠。차를 마시는 것은 수면에 도움이 된다.

✔ 시사&상식 check!

"走出去" 战略　'밖으로 나가다'의 의미로 중국 자본의 해외 진출 전략을 가리킨다. 이와 함께 외국 자본의 중국 유치를 의미하는 '안으로 들어오다'의 引进来와 함께 자주 쓰인다.

产业空洞化　공동화는 도시가 성숙 단계에 진입하면서 인구와 산업이 주변부로 이동하여 중심부가 비게 되는 현상이다. 산업 공동화는 한 산업을 구성하는 개인이나 기업들이 비용이 상대적으로 싼 지역이나 국가로 이동함으로써 지역 거점산업이 점차 소멸하는 현상이다.

参考

1 덩샤오핑의 경제이론 "白猫黑猫"

덩샤오핑(邓小平)의 '흰 고양이든 검은 고양이든 쥐만 잘 잡으면 좋은 고양이다'라는 '백묘흑묘론'의 경제실용주의 노선은 중국의 최고속 발전의 동력이 되었다.

　　"白猫黑猫论"是邓小平在20世纪60年代提出来的，该理论源自邓小平的一句话："不管黑猫白猫，能捉老鼠的就是好猫"。这句话的意思是：无论计划经济还是市场经济，都只是一种资源配置手段，与政治制度无关。资本主义可以有计划，社会主义也可以有市场。只要能够发展生产力的，都可以在实践中使用。

2 시진핑의 경제이론 "一带一路"

시진핑(习近平) 중국 국가주석의 경제외교 구상으로 중앙아시아로 향하는 '육상 경제벨트(一带)'와 바닷길을 통해 동남아시아로 향하는 '해상 실크로드(一路)'를 아우르는 '일대일로'에 대해 알아보자.

　　"一带一路"是"丝绸之路经济带"和"21世纪海上丝绸之路"的简称。"一带一路"不是一个实体和机制，而是合作发展的理念和倡议，是依靠中国与有关国家既有的双多边机制，借助既有的、行之有效的区域合作平台，旨在借用古代"丝绸之路"的历史符号，主动地发展与沿线国家的经济合作伙伴关系，共同打造政治互信、经济融合、文化包容的利益共同体、命运共同体和责任共同体。

听下面一段文章后回答问题。(1-2)　

1. 在横线上填上恰当的词语。

① 都觉得经济是最_____的话题。

② 像"市场经济"、_____、_____之类的词在中国已经成为生活

中的日常用语。

③ 对中国来说，总的趋势仍然是_____大于_____。

2. 根据文章的内容，回答问题。

① 问：世界如何看待中国的未来？

答：_____

② 问：中国在经济发展中面临的问题是什么？

答：_____

3. 用下面的词语，组成一句话。

① 많은 중국인들이 경제가 생활과 밀접한 관련이 있음을 체감했다.

感受到 / 经济 / 有 / 与 / 密切的 / 生活 / 关系 / 很多中国人

⇨_____

② 1992년 수교 이래, 한중 양국의 관계는 급속하게 발전했다.

建交 / 关系 / 发展 / 以来 / 迅猛 / 自 / 两国 / 1992年 / 韩中

⇨_____

③ 중국은 이미 한국의 최대 무역 파트너가 되었다.

韩国 / 伙伴 / 成为 / 中国 / 早已 / 贸易 / 最大

⇨_____

4. 用所给词语造句。

① 전면적인 중산층 수준의 사회를 건설하기 위해 탄탄한 기초를 다지다. 打下……基础

⇨ _____

② 한중 FTA체결 문제에 관해서는 한국과 중국이 윈윈을 실현할 것이다. 至于

⇨ _____

③ 이것은 한국의 산업 공동화를 방지하는 데 도움이 된다. 有助于

⇨ _____

5. 根据下面的内容，选择正确的答案。

　　"三步走"是1987年党的十三大提出的中国经济建设总体战略部署。即：第一步，从1981年到1990年，国民生产总值(GNP)翻一番，解决人民温饱问题；第二步，从1991年到20世纪末，国民生产总值再翻一番，人民生活水平达到小康水平；第三步，到21世纪中叶，进入中等发达国家行列。上个世纪90年代，党的十五大根据变化的实际情况，又提出21世纪中国社会发展的"新三步走"设想。即：第一个10年，全面建设小康；第二个10年，达到富裕小康水平；第三步，到2050年建国100年时，基本实现现代化，建成富强文明民主的社会主义国家，十八大以后，民主"新三步走"战略的框架基本形成。

① 文章的主要内容是：

a. 中国经济计划
b. 政治改革开放
c. 中国市场经济
d. 实现中国现代化

② 关于"三步走"战略，正确的是：

    a. 上世纪80年代提出来的经济战略

    b. 第一步是从1991年到21世纪的经济计划

    c. 第二步是人民生活水平达到温饱水平

    d. 第三步是到21世纪中叶进入最发达国家行列

③ 关于"新三步走"战略，正确的是：

    a. 21世纪初又提出来的三步走的新计划

    b. 到2030年全面建设小康

    c. 到2050年战略框架基本形成

    d. 建国100年时要建成富强文明民主的国家

6. 朗读下面内容。

    至于签订韩中FTA问题，在就业和贸易、投资等各方面，韩国与中国都将实现双赢。尤其，韩国的收获更多。过去，韩国企业单方面地对中国进行投资，然后将产品出口到美国。但在中韩签订FTA后，中国也将通过"走出去"战略对韩国市场进行更多的投资。这有助于防止韩国产业空洞化。部分韩国学者担心技术会泄漏到中国。但是，13亿人口的巨大市场将向韩国全面开放，这一点不能忽视。

7. 简单回答以下问题。

① 请根据课文的内容，叙述中国经济的发展。

② 请根据课文的内容，介绍一下韩中贸易概况。

③ 请谈谈韩中FTA的前景。

11

중국의 큰 별 공산당

중국 정치의 근간인 중국 공산당의 지도 체제와 중국 최고 지도자인 국가 주석과 총리의 업무에 대해 살펴보고 중국 특유의 일국양제 정치 체제에 대해 알아보자.

* 中国共产党的"两次革命"指的是什么?
* 中国国家主席和国务院总理有什么职权?
* 中国对一国两制、台湾问题的立场是什么?

중국 정치의 근간 中国共产党

中国共产党成立于1921年7月。新中国成立以后，迄今为止，它是中国唯一执政党，现有党员8000多万名。正是有了中国共产党的领导，才有了*20世纪中国的"两次革命"。第一次革命的成果是1949年建立了中华人民共和国。"第二次革命"是对外开放和经济体制转变的改革，其成果有目共睹。

中国共产党的最高领导机关是党的全国代表大会和它产生的中央委员会。党的全国代表大会令世界各国关注*，因为它将涉及到中国未来的决策以及重大人事变动。《人民日报》是中共中央机关报，是联系政府与民众的桥梁，也是世界观察和了解中国的重要窗口。因为《人民日报》起"喉舌"作用，很多人习惯通过它去推断中国政策的调整、形势的变化等。

📖 구문 check!

* 正是有了中国共产党的领导，才有了20世纪中国的"两次革命"。
　중국 공산당의 집권이 있었기에 20세기 중국의 '두 차례 혁명'이 있었다.

> 正是有了……才有了……：바로 ～가 있었기에 (비로소) ～가 생겨났다
> 　　　　　　　　　　　 正是 뒤에 오는 조건을 강조하며, 부사 才도 강조를 나타낸다.
> 例 正是有了大家的帮助, 我才有了这么大的进步。 바로 모두의 도움이 있었기에 나의 이렇게 큰 발전이 있었다.

* 党的全国代表大会令世界各国关注。 당의 전국대표대회는 세계의 주목을 받고 있다.

> 令……关注：～의 관심을 끌다　令 뒤에는 대상이 오며 '심리'의 서술어와 결합한다. 대상이 人일 경우, 불특정 다수를 뜻한다.
> 例 青少年暴力事件频发令人关注。 청소년 폭력사건이 빈발해 사람들의 주목을 받고 있다.

国庆节　국경절. 중국의 건국기념일로 일본이 패망하고 중국 내에서 치열하게 벌어졌던 국공 내전이 종식된 후, 1949년 10월 1일 2시 마오쩌둥(毛泽东)이 주재하는 중앙인민정부 위원회 전체회의가 최초로 개최되어 중화인민공화국이 수립되었다.

《人民日报》　1948년 창간된 중국 공산당 중앙기관지. 중국어, 영어, 일본어, 프랑스어, 스페인어, 러시아어, 아랍어 등 7개 언어로 번역되어 발행되며, 중국 공산당과 정부의 정책과 사상을 선전하는 기관지로서의 성격이 강하다.

细读 02

최고 지도자 主席和总理

✔ 단어 check!

主席 zhǔxí 주석
总理 zǒnglǐ 총리
机构 jīgòu 기구, 조직, 단체
行使 xíngshǐ 행사하다
元首 yuánshǒu 원수, 지도자
程序 chéngxù 절차
礼仪 lǐyí 예의
本身 běnshēn 그 자체, 본인
从属 cóngshǔ 종속하다
选举 xuǎnjǔ 선거
任期 rènqī 임기
任职 rènzhí 재직하다
执行 zhíxíng 집행하다
首脑 shǒunǎo 수뇌, 지도자

中国国家主席是最高国家机构的重要组成部分，是一个独立的国家机关。国家主席根据全国人民代表大会和其常务委员会的决定行使各项国家元首的权力*。国家主席在对外活动中，代表中国，享有国家的最高代表权。从国家活动的程序性、礼仪性、象征性意义看*，国家主席具有最高的地位。国家主席本身不独立决定任何国家事务，而是国家主席处于全国人民代表大会的从属地位，由全国人民代表大会选举。其每届任期为五年，同全国人民代表大会每届任期相同，连续任职不得超过两届。

国务院即中央人民政府，是最高国家权力机关的执行机关，是最高国家行政机关，实行总理负责制。国务院总理作为中国的政府首脑，每届任期为五年，1982年后规定连续任职不得超过两届。

 Track 52

📖 **구문 check!**

* 行使各项国家元首的**权力**。 국가 원수로서의 각종 권력을 행사한다.

> **行使……权力** : ~권력(권리)을 행사하다 行使는 권력, 권리, 직권 등을 나타내는 단어와 결합하여 쓰인다.
> 例 监察厅行使了公诉权。 검찰청은 공소권을 행사했다.

* 从国家活动的程序性、礼仪性、象征性**意义看**，具有最高的地。
  국가 활동의 절차, 관례, 상징성의 의미에서 볼 때 최고의 지위를 지닌다.

> **从……意义看** : ~의미에서 바라보다(생각하다)
> 例 从某意义看，那是值得思考的问题。 어떤 의미에서 볼 때, 그것은 숙고해 볼 만한 문제이다.

✔ 시사&상식 check!

全国人民代表大会常务委员会 상무위원회는 전국인민대표대회의 상설기관으로서 대회 폐회기간 중 전인대가 갖고 있는 권한을 대부분 행사한다. 단 헌법개정, 국가 주석, 총리, 중앙군사위원회 주석 선출 등은 제외된다.

国务院 국무원. 전인대의 집행기관이며, 최고 국가행정기관으로서 법률에 근거한 행정법규 및 명령을 제정공포하고, 지방의 각급 행정기관에 업무지도를 하며, 국민경제와 사회발전 계획을 수립하고 국가예산의 편성과 집행을 한다.

하나의 중국, 두 개의 체제 一国两制

✓ 단어 check!

方针 fāngzhēn 방침
合法 héfǎ 합법하다
得以 déyǐ ~하게 되다
承诺 chéngnuò 승낙하다
军队 jūnduì 군대
党派 dǎngpài 당파, 정당
反应 fǎnyìng 반응
不一 bùyī 일치하지 않다
分歧 fēnqí 엇갈리다, 갈라지다
示威 shìwēi 시위
反面教员 fǎnmiànjiàoyuán
　　　　 반면교사
圆满 yuánmǎn 원만하다
平稳 píngwěn 안정되다
着陆 zhuólù 착륙하다
寻找 xúnzhǎo 찾다
现行 xiànxíng 현행의

　　"一个国家，两种制度"，是邓小平为了实现统一中国的目标而提出的方针，也是中国共产党在台湾问题上的主要方针。一国两制政策主张只有一个中国，中华人民共和国是中国的唯一合法政府，中国大部分地区实行社会主义制度，但是，在中国的香港、澳门和回归后的台湾可实行资本主义制度。一国两制的政策已经在香港和澳门得以实施，而中国政府也希望以一国两制的方式*来解决台湾问题，并承诺台湾可以拥有自主的军队，但台湾民众和各党派对此反应不一*，甚至在统一中国问题上有不少分歧。中国政府不希望2014年发生的香港示威事件成为台湾的反面教员。为了圆满解决台湾问题，使一国两制按照中国希望的方向平稳着陆，必须寻找与现行方案不同的解决方案。

📖 구문 check!

* 中国政府也希望以一国两制的方式来解决台湾问题。
중국 정부 역시 일국양제의 방식으로 대만 문제를 해결하길 원한다.

> 以/用……方式 : ~의 방식으로
>
> 例 以这种单方面的方式来交涉，很难成交。 이런 일방적인 방식의 교섭은 성사되기 어렵다.

* 台湾民众和各党派对此反应不一。 대만 국민과 각 당파는 이에 대해 반응이 엇갈리고 있다.

> 对……反应不一 : ~에 대해 반응이 일치하지 않다　分歧와 같은 의미로 사용한다.
>
> 例 大家对她的小说反应不一。 그녀의 소설에 대해 모두들 반응이 다르다.

✓ 시사&상식 check!

一个中国　중국 대륙과 홍콩, 마카오, 대만이 각각 독립된 국가가 아니며, 합법적인 중국 정부는 오직 하나라는 이데올로기이다. 이 원칙은 분단국가인 중국과 대만 간의 정통성 문제를 포괄하는 양안(两岸)문제에서 주로 거론되며, 이 개념을 내세워 티베트와 위구르 지역의 분리 독립 요구를 일축하고 있다.

香港示威　2014년 9월 홍콩 시민들이 홍콩 금융 중심가 센트럴을 점거한 시위로 중국이 2017년 홍콩 행정장관 선거에 반중(反中)인사 후보를 배제하고 친중국 인사만 후보로 나설 수 있도록 제한하자 대학생과 시민단체가 주축이 되어 민주화를 요구했다. 이때 시위대가 경찰의 최루탄을 우산으로 막아내어 '우산혁명(雨伞运动)'이라고도 한다.

1 중국 공산당(中国共产党) 중앙 조직도

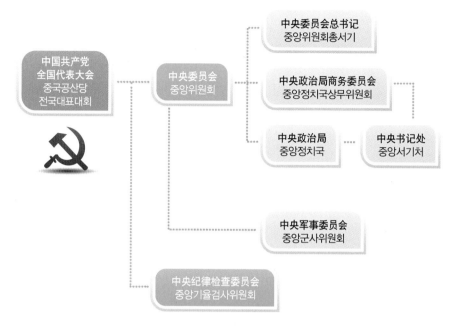

中央委员会总书记
중앙위원회총서기

中央政治局商务委员会
중앙정치국상무위원회

中央政治局
중앙정치국

中央书记处
중앙서기처

中国共产党
全国代表大会
중국공산당
전국대표대회

中央委员会
중앙위원회

中央军事委员会
중앙군사위원회

中央纪律检查委员会
중앙기율검사위원회

2 중국의 정치 및 정부기구

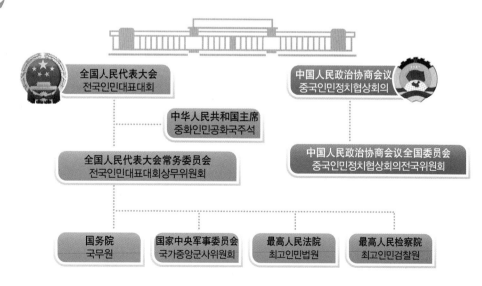

全国人民代表大会
전국인민대표대회

中国人民政治协商会议
중국인민정치협상회의

中华人民共和国主席
중화인민공화국주석

全国人民代表大会常务委员会
전국인민대표대회상무위원회

中国人民政治协商会议全国委员会
중국인민정치협상회의전국위원회

国务院
국무원

国家中央军事委员会
국가중앙군사위원회

最高人民法院
최고인민법원

最高人民检察院
최고인민검찰원

听下面一段文章后回答问题。(1-2)

1. 在横线上填上恰当的词语。

① 中国国家主席是_____的重要组成部分，是一个_____的国家机关。

② 国家主席根据_____和其_____的决定，行使各项国家元首的权力。

③ 从国家活动的_____、_____、象征性意义看，具有最高的地位。

2. 根据文章的内容，回答问题。

① 问：国家主席是怎么选出的？

答：_____

② 问：国家主席可以连任几届？

答：_____

3. 用下面的词语，组成一句话。

① 이것은 중국의 향후 정책과 주요 인사 변동에 연관된다.

涉及到 / 这 / 人事变动 / 重大 / 决策 / 以及 / 未来的 / 中国

⇨_____

② 국가 주석은 최고 국가기구의 중요한 구성 부분이다.

国家机构的 / 是 / 国家主席 / 组成部分 / 最高 / 重要

⇨_____

③ 심지어 중국 통일 문제에서도 다른 견해를 보이고 있다.

在 / 统一中国 / 分歧 / 问题上 / 有 / 甚至 / 不少

⇨_____

4. 用所给词语造句。

① 정부는 일국양제의 방식으로 대만 문제를 해결하길 희망한다. 以……方式

⇨＿＿＿＿＿＿＿＿＿＿＿＿＿＿＿＿＿＿＿＿＿＿＿

② 대만 국민과 각 당파는 이에 대해 반응이 엇갈리고 있다. 对……反应不一

⇨＿＿＿＿＿＿＿＿＿＿＿＿＿＿＿＿＿＿＿＿＿＿＿

③ 중국 정부는 홍콩사건이 대만의 반면교사가 되는 것을 원하지 않는다. 反面教员

⇨＿＿＿＿＿＿＿＿＿＿＿＿＿＿＿＿＿＿＿＿＿＿＿

5. 根据下面的内容，选择正确的答案。

　　中国共产党成立于1921年7月。新中国成立以后，迄今为止，它是中国唯一执政党，现有党员8000多万名。正是有了中国共产党的领导，才有了20世纪中国的"两次革命"。第一次革命的成果是1949年建立了中华人民共和国，人民获得了独立与自由。正是从那时开始，中国共产党掌握了全国政权，成为执政党。"第二次革命"是对外开放和经济体制转变的改革，其成果有目共睹。中国共产党的最高领导机关是党的全国代表大会和它产生的中央委员会。党的全国代表大会令世界各国关注，因为它将涉及到中国未来的决策以及重大人事变动。

① 文章的主要内容是：

a. 中国中央委员会
b. 新中国成立
c. 中国共产党
d. 中国革命

② 关于"两次革命"，不正确的是:

    a. 第一次革命的成果是1949年的新中国成立

    b. 第二次革命的成果有目共睹

    c. 改革开放是第一次革命

    d. 经济体制转变是第二次革命

③ 世界关注中国共产党的全国代表大会的原因是:

    a. 是中国最高领导机关

    b. 涉及未来的政策和重大人事变动

    c. 是联系政府与民众的桥梁

    d. 是观察中国文化的窗口

6. 朗读下面内容。

>   "一个国家，两种制度"，是邓小平为了实现统一中国的目标而提出的方针，也是中国共产党在台湾问题上的主要方针。一国两制政策主张只有一个中国，中华人民共和国是中国的唯一合法政府，中国大部分地区实行社会主义制度，但是，在中国的香港、澳门和回归后的台湾可实行资本主义制度。

7. 简单回答以下问题。

① 请根据课文内容，介绍一国两制政策。

② 请谈谈韩国和中国的政治体制的区别。

③ 请谈谈韩国与朝鲜问题、中国与台湾问题的不同之处。

우주 강국과
환경 낙후국

달 탐사 계획을 통한 중국의 우주항공개발의 의
의를 알아보고, 세계 최악의 환경 오염국이라는
오명을 벗기 위한 온실가스 감축, 황사와의 전쟁을
살펴보자.

* "嫦娥奔月" 指的是什么?
* 你对沙尘暴有何了解?
* 你对气候变暖有何了解?

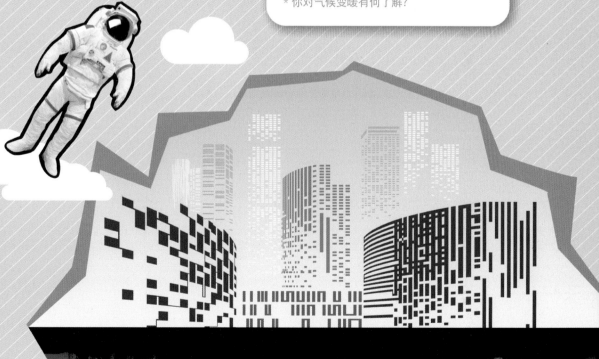

21세기의 항아, 달에 가다 嫦娥工程

✓ 단어 check!

嫦娥 cháng'é 창어(항아)
软着陆 ruǎnzhuólù 연착륙
探测 tàncè 관측하다
迈出 màichū 내딛다
深空 shēnkōng 우주 공간
争夺 zhēngduó 쟁탈하다
焦点 jiāodiǎn 초점, 집중
矿产 kuàngchǎn 광산물
储备 chǔbèi 비축하다, 저장하다
氦3 hài sān 헬륨3
蕴藏量 yùncángliàng 매장량
非凡 fēifán 보통이 아니다
利益攸关方 lìyì yōuguānfāng
　　　　　이해당사자
名副其实 míngfùqíshí
　　　　　명실상부하다

中国的"嫦娥三号"成功在月球表面着陆，中国成为世界上第三个实现月面软着陆的国家。开展月球探测工作是中国迈出航天深空探测的第一步*。

月球已成为未来航天大国争夺战略资源的焦点。月球上特有的矿产和能源是对地球资源的重要补充和储备。比如未来世界的新能源"氦3"，月球的蕴藏量要远远多于地球的储量。如果将它从月球上开采出来运至地球，供人类享用，将对未来社会产生深远的影响*。因比，中国探月工程意义非凡。登上月球不是中国的目的，其目的是要利用它、开发它，确保下一代能源，是"面向未来的投资"。中国甚至要使自己成为太空利益攸关方，成为名副其实的空间大国。

Track 56

📖 구문 check!

* 开展月球探测工作是中国迈出航天深空探测的第一步。
  달 탐사 사업의 추진은 중국이 내디딘 우주항공탐사의 첫 행보이다.

  > 迈出……第一步 : 첫발을 내딛다　새 출발이나 시작을 의미하는 관용 표현이다.
  > 例 向社会迈出第一步。 사회에 첫걸음을 내딛다.

* 将对未来社会产生深远的影响。 미래사회에 크나큰 영향을 미칠 것이다.

  > 对……产生……影响 : ～에 ～영향을 미치다　影响은 목적어를 동반하여 동사로 쓰이기도 하지만 명사로 쓰일 때에는 对와 产生과 같은 성분이 함께 온다.
  > 例 关税下调将对市场产生积极影响。 관세 인하는 시장에 긍정적인 영향을 미칠 것이다.

✓ 시사&상식 check!

嫦娥　고대 중국 전설의 항아(嫦娥)라는 아가씨가 신선의 약을 먹고 달나라로 날아간 이야기를 항아분월(嫦娥奔月)이라고 하며, 오늘날의 중국 달 탐사 프로젝트의 명칭이 되었다.

氦3　헬륨3. 헬륨의 동위원소로 차세대 핵융합발전의 연료이며, 1g의 헬륨3은 석탄 약 40t이 생산하는 전기에너지를 생산할 수 있다.

황사를 막아라 沙尘暴

沙尘暴是沙暴和尘暴两者兼有的总称，是指强风把地面大量沙尘物质吹起卷入空中，使得*空气特别混浊，水平能见度小于1千米的严重风沙天气现象。据有关研究结果显示，大部分的沙尘天气起源于蒙古国南部地区，在途经中国北方时得到沙尘物质的补充而加强。

沙尘暴波及范围愈来愈*广，造成的损失愈来愈重。沙尘暴所造成的危害，已成为全球性的环境问题，因此，各国间正积极探讨共同研究项目。其中，以韩、中、日三国为首的世界各国正与沙尘暴作战。因为目前沙尘暴不仅经太平洋刮到北美大陆，而且阻挡阳光，引起全球性气候变化。

 Track 57

📖 구문 check!

* 使得空气特别混浊。 공기를 매우 혼탁하게 하다.

> 使得 : ~하게 하다   使와 같은 쓰임이며 앞에 오는 원인으로 인해 발생하게 되는 결과를 더욱 강조한다.
> 例 干旱使得农产品产量下降。 가뭄으로 농산물 생산량이 감소했다.

* 沙尘暴波及范围愈来愈广, 造成的损失愈来愈重。
  황사의 파급 범위가 갈수록 확대되고 있으며, 발생하는 피해도 더욱 심각해진다.

> 愈……愈…… : ~하면 ~할수록 ~하다   越와 같은 의미로 문어 표현이다.
> 例 山路愈走愈陡。 산길이 걸을수록 험해진다.

✔ 시사&상식 check!

沙尘暴发源地   일반적으로 황사의 발원지는 몽골과 중국의 고비사막, 타클라마칸 사막, 신장 및 황하 상류지역이다. 발원지는 다르지만 중국을 경유하면서 각종 발암물질이 포함되어 더욱 문제가 되고 있다.

沙尘暴灾害   오염물질이 섞인 황사는 항공기, 자동차, 전자장비 등 정밀기계의 장애를 유발하고, 태양광 차단으로 농작물과 수목의 성장을 방해한다. 하지만 염기성의 황사비가 국내 산성 토양을 중화하고 해양 플랑크톤에 무기 염류를 제공하여 생산성을 증대시키는 효과도 있으나 역시 득보다 실이 많다.

细读 03

산업 발전의 두 얼굴 气候变暖

✓ 단어 check!

日益 rìyì 나날이
温室气体 wēnshì qìtǐ 온실가스
排放 páifàng 배출하다
二氧化碳 èryǎnghuàtàn
　　　　　이산화탄소
袖手旁观 xiùshǒupángguān
　　　　　수수방관하다
化石燃料 huàshí ránliào 화석 연료
燃烧 ránshāo 연소하다
毁林 huǐlín 삼림을 훼손하다
导致 dǎozhì 야기하다
温室效应 wēnshì xiàoyìng
　　　　　온실효과
气候变暖 qìhòu biànnuǎn
　　　　　기후 온난화
生态系统 shēngtài xìtǒng 생태계
威胁 wēixié 위협하다
消耗 xiāohào 소비하다, 소모하다
严峻 yánjùn 심각하다

改革开放以来，中国的经济力量日益增强。但由此带来的环境问题也为国际社会所*关注。中国温室气体排放总量已超过美国，成为世界上最大的二氧化碳排放国。中国身为负责任的国际社会一员，再也不可袖手旁观。

气候变化主要是由于工业革命以来的人类活动，特别是发达国家工业化过程中的经济活动引起的。化石燃料燃烧和毁林等人类活动所排放的大量温室气体导致温室效应增强，从而引起全球气候变暖。气候变化对全球影响主要集中在农业、水资源、自然生态系统等方面，会给人类生命造成很大威胁。为实现可持续发展和保护环境的"双赢"目的，中国不能再走高消耗、高排放的传统工业化道路*。面对气候变化的严峻挑战，中国必须要展显出一个负责任的大国形象。

🖊 구문 check!

* 由此带来的环境问题也为国际社会所关注。

이와 함께 수반된 환경문제도 국제사회의 주목을 받고 있다.

> 为……所……：～의 ～를 받다 被의 쓰임과 같다. 为 뒤에는 행위자, 所 뒤에는 동사가 온다.
> 例 他的中国画为大家所喜爱。 그의 중국화는 모두의 사랑을 받는다.

* 中国不能再走高消耗、高排放的传统工业化道路。

중국은 더 이상 고 소비, 고 배출의 전통적인 산업화의 방식을 취해서는 안된다.

> 走……道路：～의 방식을 취하다 특정 입장을 나타내며 '～의 길로 나아가다'로 해석할 수 있다.
> 例 走革命道路。 혁명의 길로 나아가다.

✓ 시사&상식 check!

气候变暖 기후 온난화를 해결하기 위해 국제적인 협력 방안으로 1997년 온실가스 배출량을 감축해야 한다는 교토의정서가 채택되었다. 거대 온실가스 배출 국가인 중국은 그동안 개발도상국의 입장을 내세워 온실가스 감축에 비협조적인 태도로 일관했으나 최근 중국의 산업구조 변화와 신재생 에너지 개발 사업의 확대로 온실가스 감축 의지를 보이고 있다.

可持续发展 지속 가능한 발전(sustainable development, SD). 환경 보호, 빈곤구제를 진행하며, 장기적으로는 성장을 이유로 단기적인 자연자원을 파괴하지 않는 경제적인 성장을 창출하기 위한 방법들의 집합을 의미한다.

1 중국 우주 계획의 키워드 长征、嫦娥、神州、天宫

중국 우주 개발 사업의 각 명칭들은 중국 역사와 고대 신화에서 유래한 것으로 중국인들의 꿈을 실현했다는 점을 부각시켜 중국 민족의 자긍심을 드높이고 있다.

"长征"是中国研制的长征运载火箭系列的总称，就是利用长征火箭把神舟飞船和各种卫星送到太空去。"嫦娥"是中国的嫦娥计划，是探月卫星的名字。"神舟"是中国的神舟飞船，绕着地球绕行。"天宫"是中国的太空空间站，相当于是太空基地。

〈중국의 우주 개발 사업〉
1958 우주 개발 계획 착수
1997 로켓 개발
1999~2002 무인우주선 선저우1·4호 발사
2003 유인우주선 선저우5호 발사
2007 달 탐사선 항아호 발사
2011 실험용 우주 정거장 텐궁1호 발사
2020 텐궁2·3호 발사 우주정거장 건설

2 스모그 雾霾

초미세 먼지와 스모그에 갇힌 중국, 그 현황을 살펴보자.

雾霾，是雾和霾的组合词。雾霾常见于城市。中国不少地区将雾并入霾一起作为灾害性天气现象进行预警预报，统称为"雾霾天气"。2013年，"雾霾"成为中国的年度关键词。这一年的1月，在北京，仅有5天不是雾霾天。据统计，世界上污染最严重的10个城市有7个在中国。

听下面一段文章后回答问题。(1-2)　　

1. 在横线上填上恰当的词语。

① 月球已成为未来航天大国＿＿＿＿＿＿战略资源的＿＿＿＿＿＿。

② 因此，中国探月工程＿＿＿＿＿＿。

③ 中国甚至要使自己成为太空＿＿＿＿＿＿，成为＿＿＿＿＿＿的空间大国。

2. 根据文章的内容，回答问题。

① 问: 月球上特有的未来新能源是什么?

　答: ＿＿＿＿＿＿＿＿＿＿＿＿＿＿＿＿＿＿＿＿＿＿＿＿＿＿

② 问: 开采月球的能源有什么意义?

　答: ＿＿＿＿＿＿＿＿＿＿＿＿＿＿＿＿＿＿＿＿＿＿＿＿＿＿

3. 用下面的词语，组成一句话。

① 헬륨3의 달 매장량은 지구의 저장량보다 월등히 많다.

地球的 / 氦3 / 要 / 多于 / 储量 / 在 / 月球的 / 远远 / 蕴藏量

⇨ ＿＿＿＿＿＿＿＿＿＿＿＿＿＿＿＿＿＿＿＿＿＿＿＿＿＿＿

② 한중일 삼국을 필두로 세계 각국은 황사와의 전쟁을 치르고 있다.

作战 / 韩、中、日三国 / 以 / 与 / 沙尘暴 / 为首的 / 世界各国 / 正

⇨ ＿＿＿＿＿＿＿＿＿＿＿＿＿＿＿＿＿＿＿＿＿＿＿＿＿＿＿

③ 국제사회의 책임을 짊어진 일원으로서 더 이상 방관해서는 안된다.

不可 / 国际社会 / 一员 / 袖手旁观 / 责任的 / 身为 / 再也 / 负

⇨ ＿＿＿＿＿＿＿＿＿＿＿＿＿＿＿＿＿＿＿＿＿＿＿＿＿＿＿

4. 用所给词语造句。

① 이것은 중국이 내디딘 우주항공탐사의 첫 행보이다. 迈出……第一步

⇨ _____

② 황사의 파급 범위가 점차 넓어지고, 발생하는 피해도 심각해지고 있다. 愈……愈……

⇨ _____

③ 이와 함께 수반된 환경문제도 국제사회의 주목을 받고 있다. 为……所……

⇨ _____

5. 根据下面的内容，选择正确的答案。

　　气候变化主要是由于工业革命以来的人类活动，特别是发达国家工业化过程中的经济活动引起的。化石燃料燃烧和毁林等人类活动所排放的大量温室气体导致温室效应增强，从而引起全球气候变暖。气候变化对全球影响主要集中在农业、水资源、自然生态系统等方面，会给人类生命造成很大威胁。为实现可持续发展和保护环境的"双赢"目的，中国不能再走高消耗、高排放的传统工业化道路。面对气候变化的严峻挑战，中国必须要展显出一个负责任的大国形象。

① 文章的主要内容是：

　　a. 气候变化的原因

　　b. 气候变暖的灾害

　　c. 保护环境的双赢目标

　　d. 气候变化和中国的角色

② 气候变化的主要原因是:

    a. 发达国家破坏环境
    b. 改革开放以来的人类活动
    c. 工业化中的人类经济活动
    d. 发展中国家的温室气体排放

③ 中国应该做到的是:

    a. 全面停止经济活动
    b. 实现环保和现代化的双赢目标
    c. 走高消耗、高排放的工业化道路
    d. 展现出一个人口大国的形象

6. 朗读下面内容。

>   沙尘暴是沙暴和尘暴两者兼有的总称,是指强风把地面大量沙尘物质吹起卷入空中,使得空气特别混浊,水平能见度小于1千米的严重风沙天气现象。据有关研究结果显示,大部分的沙尘天气起源于蒙古国南部地区,在途经中国北方时得到沙尘物质的补充而加强。

7. 简单回答以下问题。

① 请根据课文的内容,介绍嫦娥工程。
② 请谈谈气候变暖问题的解决方案。
③ 请谈谈沙尘暴对韩国产生的影响。

독해 지문 해석
연습문제 답안

- 독해 지문 번역은 중국어 문장에 충실했으며
  일부 의역된 부분도 있습니다.
- 연습문제의 답안은 본문의 독해 지문 내용과
  문장에 근거하여 제시하였습니다.

01 붉은 대륙과 다섯 개의 황금별

독해 01 | 오성홍기

중화인민공화국 국기는 중화인민공화국의 상징이자 지표이다. 1949년 9월 27일 전국 정협(전국인민정치협상회의)의 제1회 전체 대표회의에서 오성홍기를 국기로 정하는 안건이 통과되었다. 중화인민공화국 국기의 바탕은 붉은색으로 혁명을 상징하며, 국기의 오각별에 노란색을 사용한 것은 붉은 대지 위에 광명을 나타내기 위함이다. 한 개의 큰 오각별은 중국 공산당을 대표하고, 네 개의 작은 오각별은 각각 노동자 계급, 농민 계급, 소자본 계급, 민족 자본 계급의 네 가지 계급을 대표한다. 다섯 개의 오각별은 서로 긴밀하게 연결되어 있으며, 중국 인민의 대단결을 상징한다.

독해 02 | 국장

중화인민공화국 국장의 구성은 국기, 천안문, 톱니바퀴, 그리고 벼 이삭이다. 천안문은 5·4운동의 발원지로서 천안문 도안을 넣어 새로운 민족정신의 상징을 나타냈다. 톱니바퀴와 벼 이삭은 노동자 계급과 농민 계급을 상징하고, 국기의 별 다섯 개는 중국 공산당의 지휘 아래 중국 인민의 대단결을 의미한다. 이것은 신중국이 노동자 계급이 주도하는 노동자와 농민 연맹을 바탕으로 인민이 민주적으로 정권을 지휘하는 사회주의 국가임을 나타낸다.

독해 03 | 『의용군행진곡』

『의용군행진곡』은 중화인민공화국의 국가이다. 1982년 제5기 전국인민대표대회 제5차 회의에서 중화인민공화국의 국가에 관한 결의를 통과시켜 티엔한(田汉) 작사, 니에얼(聂耳) 작곡의 『의용군행진곡』을 국가로 정했다. 『의용군행진곡』을 국가로 정함으로써 항일전쟁 시기의 용맹한 정신을 드높여 중국 인민의 혁명 사상을 구현했다.

『의용군행진곡』 가사

일어나라! 노예가 되고 싶지 않은 사람들아!
우리의 피와 살로 우리의 새로운 만리장성을 쌓자!
중화 민족에 닥친 절체절명의 위기 앞에
억압 속에서 외치는 모두의 마지막 함성!
일어나자! 일어나자! 일어나자!
우리 모두 한마음으로 적의 포화에 맞서 전진하자!
적의 포화에 맞서 전진하자! 전진! 전진! 전진! 전진하자!

1

천안문은 중화인민공화국의 수도 베이징의 중심인 천안문 광장에 위치한다. 천안문의 맞은편에는 천안문 광장과 인민영웅기념비, 마오쩌둥 기념관, 인민대회당, 중국국가박물관이 있다. 천안문에는 매일 국기를 올리고 내리는 업무를 담당하는 무장경찰부대가 있으며, 이들을 가리켜 '국기반(国旗班)'이라고 한다. 이들은 모두 32명의 무장경찰로 구성되어 횡단 종렬 줄을 맞춰 일정한 보폭으로 같은 곳을 응시하며 행진한다. 금수교에서 국기 게양대까지의 걸음 수는 138보이며, 걸음마다 장엄하고 힘차다. 바람이 불거나 비가 내리고 눈이 내려도 똑바른 걸음걸이를 유지한 채 동작에 흐트러짐이 없다.

2

오성홍기의 큰 오각별은 중국 공산당을 상징한다. 각각의 작은 별의 꼭짓점 한 개는 큰 별의 중심을 향한다. 이것은 4개 계급의 당에 대한 충성심과 이들이 당의 전면적인 지휘 아래 있음을 의미한다.

02 인구대국의 56개 민족

독해 01 | CHINA

중국은 의심의 여지 없이 세계에서 인구가 가장 많은 나라이다. 2000년 중국 대륙 지역 34개의 성, 자치구, 직할시, 특별행정구의 총인구수는 12억 9,533만 명으로 세계 인구 60억 명의 22%를 차지한다. 2005년 말 전국 총인구는 13억 756만 명이었으며, 전체 인구 중 한족 인구는 11억 8,295만 명으로 전체 인구의 90.56%를 차지했다. 소수민족의 인구는 1억 2,333만 명으로 전체 인구의 9.44%를 차지했다.

2013년 말 중국 대륙 지역에 거주하는 사람은 13억 6,072만 명으로 전 세계 인구의 19%를 차지했다. 중국 역대 세계 인구 점유율이 가장 낮았던 시기이다. 비록 중국은 이미 저출산율의 국가 대열에 들어섰지만, 인구증가의 관성작용으로 인해 2020년 중국의 총인구는 14억 6,000만 명에 달할 것이다.

독해 02 | 인구 문제

오늘날 중국의 인구 문제는 양적 차원에서 질적 차원의 문제로 변하고 있다. '한 자녀 정책'의 문제점이 드러나기 시작하면서 첫 번째로 인구 노령화 문제, 두 번째로 인구의 질적 수준 저하 문제가 나타났다. 인구 노령화로 말하자면, 1997년 중국의 60세 이상의 노인이 1억여 명을 초과하여 총인구의 10%를 차지했다. 2040년에는 2억 5천만 명 이상에 달해 전체 인구의 23.79%를 차지하고, 60세 이상의 인구가 20대 인구의 2~3배가 될 것으로 예측된다. 인구의 질적 수준 저하로 말하자면, 현재 두 부분에서 문제가 나타난다. 첫 번째는 성비 불균형이다. 현재 중국 신생아의 남녀 성비는 118.06:100이다. 추산해보면, 2020년에 중국은 결혼 적령기의 남성 수가 여성보다 2,400만 명이 많은 상황에 이르러 수천만 명의 결혼 적령기 남성들이 '결혼난'에 직면할 것이다. 두 번째는 엄격한 산아제한 정책 아래 인구의 질적 수준이 높은 도시에서는 출산율이 낮아지는 반면, 인구의 질적 수준이 낮은 농촌에서는 아이를 많이 낳고 있다.

독해 03 | 소수민족

중국은 하나의 통일된 다민족 국가이다. 신중국 성립 이후에 중앙정부가 인정한 민족은 모두 56개이다. 한족 이외의 55개 민족의 인구가 비교적 적기 때문에 편의상 '소수민족'이라고 불린다. 각 민족의 지역은 역사, 문화, 환경 등의 방면에 큰 차이가 있어 발전에도 역시 상당한 불균형을 이루고 있다. 그러나 중국 정부는 각 민족의 인구 수가 많거나 적거나, 사회 발전의 수준이 높거나 낮거나, 모두 중국이라는 대가족의 일원이며, 모두 평등한 권리가 있음을 관철하고 있다.

지난 몇 년간 소수민족 지역의 발전을 가속화하기 위해 중앙 정부는 다음 세 가지 방안을 마련했다. 첫 번째는 서부지역의 개발이다. 서부지역은 소수민족 주요 거주 지역으로 40여 개의 민족이 있다. 두 번째는 국경지대에 거주하는 소수민족 지역의 개발 대책으로 인프라 건설을 확대하고 생활 수준을 향상하는 것이다. 세 번째는 인구가 매우 적은 소수민족의 발전을 집중적으로 원조하는 것이다. 중앙정부는 이 일련의 민족 정책들이 중국 실정에 부합하는 민족문제 해결 방안이자 각 민족이 함께 발전하는 올바른 길이라고 확신하고 있다.

참고

1

중앙민족대학의 민족박물관은 1951년에 세워져 전국의 56개 민족의 문물을 소장, 전시 및 연구하는 민족학 전문 박물관이다. 전시관의 총면적은 5,000㎡에 달하며, 관내에는 각 민족의 깃발, 혁명 문물, 토산품, 생산도구, 의복, 가죽과 모피, 옛날 그릇, 역사 문헌, 보석, 무기, 악기, 종교 용품 등 14종의 문물과 해외 일부 국가와 민족의 도자기, 화폐, 그림 등의 총 2만여 건의 문물이 소장되어 있다.

03 산해진미와 차의 향연

독해 01 | 4대 요리

산해진미의 고향 중국에는 어떤 음식이 있을까? 중국은 땅이 넓고, 생산물이 다양하고 풍부하여 각 지역에 따라 입맛과 요리법에 큰 차이가 있다. '남쪽은 달고 북쪽은 짜고 동쪽은 맵고 서쪽은 시큼하다'라는 말이 있다. 그 의미는 남쪽 사람들은 단맛을 좋아하고, 북쪽 사람들은 짠맛을 좋아하며, 산둥(동쪽) 사람들은 매운맛을 좋아하고, 산시(서쪽) 사람들은 신맛을 좋아한다는 뜻이다.

중국 음식은 주요 4대 요리로 분류할 수 있으며, 각각 뚜렷한 특색과 개성을 가지고 있다. 먼저 쓰촨 요리는 줄임말로 '촨차이(川菜)'라고 한다. 쓰촨 요리는 매운맛과 생선 향이 주요 특징이며, '위샹로우쓰(鱼香肉丝)', '마포또우푸(麻婆豆腐)' 등이 있다. 두 번째는 광둥 요리로 '위에차이(奥菜)'라고 한다. 광둥 요리는 재료가 다양한 것이 주요 특징이며, '롱후또우(龙虎斗)'와 '구루로우(咕噜肉)' 등이 있다. 세 번째는 산둥 요리로 '루차이(鲁菜)'라고 한다. 실속을 중시하고 파와 생강을 많이 사용하는 것이 특징이며, '탕추위(糖醋鱼)', '총빠오양로우(葱爆羊肉)' 등이 있다. 네 번째는 장쑤 요리로 '쑤차이(苏菜)'라고 한다. 섬세하고 (맛이) 진하지만 느끼하지 않은 것이 특징이며, '쏭슈꾸이위(松鼠桂鱼)'와 '옌수이야(盐水鸭)' 등이 있다.

독해 02 | 차(Tea)

중국인들은 차를 매우 좋아하는 민족이다. 차는 당나라 때부터 민간에서 대중적으로 즐기며 널리 전해진 전통 음료이다. 중국인이 차를 즐기는 데에는 많은 이유가 있으며, 그중 가장 중요한 요인은 중국의 기름진 음식과 관련이 있다. 기름진 중국 음식을 먹은 후에 마시는 차 한 잔은 입을 개운하게 하고 느끼함을 없애준다. 차와 중국 음식은 천생연분처럼 잘 맞는다. 이러한 이유로 차는 오래전부터 중국인의 생활과 밀접하게 관련되어 중국인에게 차를 마시는 것은 일상생활과 같다.

차의 고향이라고 불리는 중국은 차의 재배면적이 압도적으로 세계 1위를 차지한다. 생산되는 차의 종류만 해도 수천 종이 있으며 이 가운데 600종이 넘는 차가 명차로 손꼽힌다. 중국 정부는 차의 품질 향상을 관리하고 정기적으로 10대 명차 평가전을 열어 차 산업을 장려하고 있다. 서호 용정(西湖龙井), 안계 철관음(安溪铁观音), 동정 벽라춘(洞庭碧螺春), 황산 모봉(黄山毛峰), 윈난 보이차(普洱茶)는 항상 순위 안에 선발되는 5가지 명차이다.

독해 03 | 후이위안, 캉스푸, 이리, 와하하

중국 사회의 경제 발전은 사람들의 식습관을 변화시켰다. 이 과정에는 중국인의 식습관을 바꾼 네 가지 대표적인 식품 브랜드가 있다. 첫 번째는 후이위안(汇源)의 과일 주스이다. 원래 중국인들은 과일즙을 마시지 않고 과일만 (통째로) 먹었다. 그러나 후이위안 과일 주스는 과일만 먹던 중국인의 식습관을 깨뜨렸으며, 중국에서의 과일 주스 시장을 개척했다. 두 번째는 이리(伊利) 우유이다. 일찍이 중국의 원(元)대부터 유제품이 등장했지만 최근 30년 이래 완제 유제품이 등장해서야 중국인은 우유를 마시는 습관을 갖게 되었다. 이리, 멍니우(蒙牛), 산루(三鹿) 등의 브랜드가 모두 이 과정에 걸출한 기여를 했다. 세 번째는 캉스푸(康师傅) 인스턴트 라면이다. 중국 북쪽 지역에서는 국수를 즐겨 먹으나 국수는 휴대와 저장이 불편한 음식이다. 인스턴트 라면의 등장은 이러한 문제를 말끔히 해결했고, 현재 캉스푸는 누구나 다 아는 브랜드가 되었다. 네 번째는 와하하(哇哈哈) 포장용 생수이다. 예전에 중국인들은 상수도 물을 직접 끓여서 마셨다. 그러나 끓인 물은 휴대가 불편했고, 용기로 포장된 물의 등장은 이 문제를 해결해 주었다. 와하하가 최초로 포장용 생수를 만든 기업은 아니지만, 중국 토종 기업으로서 자체적인 기술력을 기반으로 하여 중국에서 가장 탄탄한 음료 기업으로 성장했다.

참고

1

만한전석은 중국의 민족적 색채가 농후한 대규모 연회이다. 궁중요리의 특색을 갖추고 있을 뿐만 아니라 지역적 풍미의 정수도 지니고 있다. 만주족 음식 특유의 풍미가 빼어나고 불에 굽는 요리와 훠궈(火锅)는 거의 빠지지 않는 음식이다. 또한, 삶기, 튀기기, 볶기, 버무리기, 끓이기 등을 겸한 한족의 조리 특색도 함께 선보인다. 만한전석은 원래 관아에서 연회를 열어 만주족과 한족이 함께 어울리는 자리였다. 일반적으로 최소 108종(남부 요리 54종, 북부 요리 54종)의 요리가 차려지며, 3일 동안 먹을 수 있는 양이다. 음식은 짠맛, 단맛, 육식, 채식을 골고루 하고, 다양한 식자재를 정교하게 조리하여 산해진미를 모두 모아놓았다.

04 역사가 흐르는 도시

독해 01 | 베이징

1949년 중국 정협(전국인민정치협상회의)은 중국의 수도를 베이징으로 정했다. 베이징은 중국의 정치·과학·문화의 중심지이자 중국 역사 문화의 고도이며, 명승지 중 하나이다. 오늘날 많은 중국인과 외국인들이 관광과 비즈니스를 목적으로 베이징을 찾고 있다.

베이징의 관광 명소는 200여 곳에 달하며, 천안문과 만리장성은 베이징을 대표하는 랜드마크로 유구한 중국 역사의 증거이다. 그 외에 세계 최대의 황궁 자금성, 천신에 제사를 지내는 사원인 천단, 황실의 정원 이화원, 모두 베이징의 상징을 대표한다.

근래 중국 기업이 해외로 진출하고 문화가 개방되면서 베이징올림픽 전후로 현대적인 건물들이 건설되어 (베이징에는) 또 다른 랜드마크가 생겨났다. 이 새로운 건축물들은 기존의 베이징의 이미지와는 달리 현대적일 뿐 아니라, 당대의 가장 세련된 최첨단 과학 기술을 구현했다. 베이징올림픽 이후 국제적 위상이 크게 상승한 중국은 여전히 국제화 시대에 부합하는 도시 이미지를 만들기 위해 끊임없이 노력하고 있다.

독해 02 | 사합원과 후통

사합원을 글자 그대로 풀이하면 동서남북 사면에 집을 지어 마당을 에워싸도록 한 것이다. 집채의 외벽은 다시 후통(골목길)의 담이 된다. 사합원의 북쪽 방이 안채이며 동서 양쪽이 곁채가 되고, 대문 외에는 후통과 마주하는 창문이나 통로가 따로 없다. 내부가 고요하고 폐쇄적인 사합원이 바로 옛 베이징의 전통 주택 양식이다.

후통은 베이징 특유의 오래된 도시 골목으로 원대에 최초로 형성되었다. '후통'이라는 말은 몽골어 중의 '작은 골목'이라는 뜻이다. 후통은 자금성 주위를 둘러싸고 있으며, 대부분 원(元), 명(明), 청(淸) 삼대에 걸쳐 형성되었다. 후통의 주요 건물은 대부분이 사합원이다.

그러나 온전히 보전된 사합원과 후통은 많지 않다. 관광 지정 구역을 제외한 대부분 후통의 벽에는 '철거(拆)'라고 표시되어 있다. 훼손과 개발을 둘러싼 논쟁이 계속되고 있으며, 일각에서는 서민들의 생활 터전이 해외여행객의 관광거리로 전락하고 있는 것을 우려하고 있다.

독해 03 | 상하이

상하이는 중국 개혁개방의 축소판이자 창구로서 21세기 가장 역동적인 도시라고 일컬어진다. 근대에 형성된 조계 지역, 국민정부 아래 건설된 강만 지역 신도시, 개혁개방 이래 개발되어 온 푸둥 신도시 등 다른 시기에 형성되고 전개된 다양한 공간들이 지금까지도 상하이라는 이 도시에 공존하고 있다.

1842년 남경조약이 체결된 후, 상하이는 중국의 오대 대외 무역항 가운데 하나로 1843년 11월 정식 개항했다. 무역항은 서구 자본이 유입되는 주요 창구였던 바, 서구식 경제 체제는 무역과 금융업에서 가장 먼저 진행되었다. 상하이는 20세기 초 이미 극동지역의 국제 금융허브로 성장하여 신중국 수립 후 비약적인 발전을 거두었다. 오늘날 중국 총인구의 1%, 전체 토지의 0.06%에 불과한 이 도시의 재정수입은 전국의 1/8을 차지하고,

상하이 항의 수출입 상품 총액은 전국의 1/4, 물동량은 전국의 1/10에 달한다. 상하이는 장강 삼각주 지역의 연계와 세계화라는 중책을 짊어지고, 영향력 발휘와 견인차 역할을 하고 있다.

참고

1

베이징시의 토지 면적은 1,6410.5㎢이며 14개 구, 2개 현을 관할한다. 2011년 말까지 상주인구는 2,018만 6천 명이었으며, 이 중에서 상주 외래인구는 742만 2천 명이다. 상하이시의 면적은 6,340.5㎢이며 16개 구, 1개 현을 관할한다. 2010년 말, 상주인구는 2,347만 4천6백 명이었으며, 이 중에서 상주 외래인구는 935만 3천6백 명이다.

2

도시화의 추진으로 신 계획, 고 표준에 의해 건설된 신도시들이 점차 많아지고 있다. 이러한 신도시들은 공실률이 높고 거주민이 적어 밤이 되면 거대한 암흑으로 변해 '유령도시'로 불린다. 중국 언론에서는 이를 '시장 경제'의 후유증이라고 지적한다. 다시 말해 일부 지방의 정부 지도자들이 업적을 내기 위해 과도한 투자 개발을 추진하여 거품경제를 조장하고, 결국 국가 경제를 위기에 빠뜨렸다. 현재 유령도시로 꼽히는 상위 10개의 도시는 얼롄하오터(二连浩特), 친저우(钦州), 라싸(拉萨), 지아위관(嘉峪关), 징강산(井冈山), 웨이하이(威海), 인린하오터(锡林浩特), 지아싱(嘉兴), 스쭈이산(石嘴山), 싼야(三亚)이다.

05 중국어의 표준어 푸통화

독해 01 | 푸통화

중국에는 80종 이상의 언어가 있다. 그중 한어는 중국에서 사용자 수가 가장 많은 언어이며, 세계에서도 사용자 수가 가장 많은 언어이다. 게다가 유엔의 6개 공식 언어 중 하나이기도 하다. 한어는 중국 한족의 공통어로 중국 총인구의 90% 이상을 차지하는 한족 외에 일부 소수민족도 차용해 쓰거나 겸용하고 있다.

현대 중국어는 표준어(푸통화)와 방언으로 나뉜다. 푸통화는 베이징어를 표준으로 하여 북방어를 기초 방언으로 전형적인 현대 백화문 글말을 문법규범으로 삼는다. 한어 방언은 일반적으로 7대 방언으로 나뉜다. 북방방언, 오(吴)방언, 상(湘)방언, 감(赣)방언, 객가(客家)방언, 월(粤)방언, 민(闽)방언이 그것이다. 각 방언의 지역에는 또 몇 가지 하위 방언과 여러 토착어가 있다.

독해 02 | 책임은 무겁고 갈 길은 멀다

비록 중국인의 표준어 구사 수준이 전체적으로 크나큰 발전을 했지만, 방언이 많고 발음이 복잡하여 여전히 적지 않은 문제가 남아있다. 중국의 여러 방언에서 'h'와 'f' 발음이 구분되지 않고 'n'과 'l'의 발음이 구분되지 않으며, 일부 지역에서는 평설음과 권설음의 구분이 모호하다. 이에 따라 푸통화를 학습하고 운용하는 과정에서 어려움은 더욱 가중되었다.

제일 큰 문제는 중국 각지의 일부 교사들의 읽기가 바르지 않고, 상당수 교사의 표준어가 수준 미달로 교사가 표준어 사용에 솔선수범할 수 없다는 점이다. 그러므로 교사들의 정확한 표준어 구사는 현재 가장 시급한 과제이다. 교사들의 표준어가 일정 수준에 도달한 후에도 여전히 계속해서 완수해야 할 두 가지 임무가 있다. 첫 번째는 수업시간에 표준어를 꾸준히 사용해야 할 뿐 아니라, 각종 환경에서도 표준어를 계속 사용하는 것이고, 두 번째는 지속해서 표준어 수준을 향상하는 것이다.

독해 03 | 갑골문자에서 간체자까지

유구한 역사를 지닌 한자는 세계에서 가장 오래된 문자 중 하나이며, 지금까지 남아있는 몇 안 되는 정방형 문자이다. 6천여 년 전에 한자는 그림에서 기원한 해독할 수 있는 그림이었다. 후에 그림은 점차 부호화되어 그림에서 벗어나 상형한자가 되었다. 한자는 갑골문, 금문, 전서, 예서, 해서의 발전 과정을 거치며 점차 현대의 한자를 형성해 왔다. 예서의 출현은 고금 문자의 분수령이며, 금문자 단계, 즉 예서와 해서의 단계에서는 보조 서체인 초서와 행서가 만들어졌다.

한자의 변천 흐름은 복잡함에서 단순함으로 옮겨갔고, 한자의 형태와 모양은 점차 규범화되고 고정화되어 갔다. 신중국 성립 이후, 중국은 간체자를 사용하기 시작했다. 간체자는 번체자보다 필획이 간단한 글자이다. 번체자는 간체자 보급 이전에 해외에서 주로 사용되었으나 중국이 국제적으로 중요한 지위를 갖게 되면서 반세기 동안 특히 최근 30년간 외국인이 중국어를 배울 때 주로 간체자가 쓰이고 있다.

06 가오카오와 명문 대학

독해 01 | 가오카오

가오카오(高考)는 일반 고등교육기관의 신입생 모집을 위한 전국 공통 시험의 약칭으로 중국에서 가장 중요한 입학시험이다. 교육부가 일괄적으로 관리하거나 자체적으로 시험문제를 내는 성(省)급의 시험센터에서 출제하기도 한다. 매년 6월 7일과 6월 8일이 시험일이며 일부 성에서는 시험 기간이 3일이다.

현재 중국에서 가장 광범위하게 많이 수용되고 있는 실행방안은 '3+X'이다. '3'은 '어문, 수학, 외국어'이며 'X'는 학생 자신의 의사에 따라 스스로 문과 종합(정치, 역사, 지리를 포괄한다)과 이과 종합(물리, 화학, 생물을 포괄한다) 가운데 하나의 입시 과목을 선택한다. 이 방안은 대부분의 성에서 시행되고 있으며, 총점이 750점(어문 150점, 수학 150점, 외국어 150점, 문과 종합/이과 종합은 300점)이다. 통계에 따르면, 매년 900만 명이 넘는 학생들이 대학 입학을 위해 치열한 입시 경쟁을 치른다. 2008년에는 전국의 가오카오 응시생의 수가 최고조에 달해 1,050만 명을 기록했다.

독해 02 | 명문 대학

2014년 12월 중국 교우회 온라인 사이트에서 2014 중국 대학 순위를 발표했다. 자료에 따르면, 베이징대학이 7년간 연속해서 1위를 차지했고, 칭화대학이 2위, 상하이교통대학이 작년보다 두 계단 상승한 3위에 올랐다. 푸단대학이 4위를 차지하고, 우한대학이 5위에 오르면서 처음으로 전국 5위 순위권에 들어 사상 최고 순위를 기록했다. 저장대학은 두 계단 하락한 6위, 런민대학은 작년보다 다섯 계단 상승하여 7위를 올랐다. 난징대학은 두 계단 하락한 8위에 머물렀고, 지린대학은 9위에 올랐으며, 중산대학은 10위를 기록했다. 특히 학문 연구 분야에서 칭화대학의 평가 결과가 가장 좋았으며, 베이징대학이 전국 2위, 런민대학이 3위를 차지했다. 이 세 대학은 중국에서 가장 영향력이 있는 대학들로 일반적으로 베이징대학은 문과 계열의 연구가 활발하고, 칭화대학은 이공 계열에서 높이 평가되며, 런민대학은 사회과학 분야에서 두각을 나타내고 있다.

독해 03 | 211, 985, 2011

1993년 국무원이 발행한 『중국 교육개혁과 발전 개요』에서는 '211공정'의 주요 이념에 대해 세계 신기술 혁명 경쟁에 발맞추기 위해 21세기를 맞아 100여 개의 대학과 일부 주요 학과를 중점적으로 개설하여 세계 일류 대학의 수준을 실현하는 것이라고 밝혔다.

'세계 일류 대학 프로젝트'라고도 불리는 '985공정'의 명칭은 1998년 5월 4일 베이징대학 100주년 기념식에서 세계 일류 대학 건설에 대한 장쩌민 주석의 연설에서 비롯되었다. 애초 '985공정'에 선정된 대학은 9개 대학이었으며, 2013년 말까지 985공정에는 모두 39개 대학이 포함되었다.

'2011프로젝트'는 '211공정'과 '985공정'에 이어 국무원이 대학교육 행정에 시행한 세 번째 국가사업이다. 이 사업은 인재, 학과, 과학 연구를 삼위일체로 하여 창의력 향상을 핵심 목표로 삼아 교육부와 재정부가 공동으로 연구하고 제정하여 공동 시행한다. 사업의 명칭은 2011년 4월 후진타오 주석의 칭화대학 100주년 기념식 연설에서 비롯되었다.

참고

1

'가오카오 이민'은 중국 고등교육에서 나타나는 특수한 현상이다. 중국은 영토가 넓고 입시생이 많아 지역 간 교육 수준에도 큰 차이가 존재하므로 각 성, 시, 자치구에서 답안의 채점과 입시 합격선을 정하는 정책을 시행하고 있다. 일부 입시생들은 지역별 입시 합격선의 차이와 합격률의 차이를 이용하여 전학, 혹은 호적 이전 등의 방법으로 입시 합격선이 상대적으로 낮고 합격률이 높은 지역에서 시험에 응시하기도 하는데, 이를 '가오카오 이민'이라고 한다. 가오카오 이민으로 전입하려는 지역은 크게 세 곳으로 나뉜다. 첫째, 베이징이나 상하이 등 경제 수준은 높지만, 입시 합격선은 낮은 직할시로의 이전, 둘째, 안후이 등 경제 수준도 낮고 입시 합격선도 낮은 동부 지역으로의 이전, 셋째, 해발 고도가 높고 경제와 교육 수준이 낮으며 입시 합격선이 낮은 서북부와 서남부를 포함한 서부 지역으로의 이전이다.

07 결혼은 늦게, 아이는 하나만!

독해 01 | 만혼

중국의 혼인법은 '결혼 연령에 대하여 남자는 만 22세 이전에 결혼할 수 없으며, 여자는 만 20세 이전에 결혼할 수 없다'라고 규정한다. 즉, 법적 결혼 연령이 되어야 결혼할 수 있으며, 그렇지 않을 경우 법에 위배된다. 이것은 인구를 제한하는 국가의 기본 정책을 관철하기 위함이다. 그 외 혼인법은 만혼을 장려한다. 최근 20년 동안의 각종 통계에서도 중국 사회의 만혼 추세가 점점 더 분명해지고 있다. 1997년 전국 인구와 출산 건강에 관한 표본 조사에 따르면, 당시 여성의 평균 결혼 연령이 23.4세, 평균 출산 연령이 24.48세였다. 2008년에 이르러 한 연구기관이 10개 도시를 대상으로 남녀 초혼 연령을 조사한 결과, 상하이 남성의 평균 초혼 연령은 31.1세, 여성의 평균 초혼 연령은 28.4세였다. 이후 2013년 신화통신은 상하이 주민의 평균 결혼 신고 연령이 남성 34.02세, 여성 31.61세라고 보도했다. 2008년의 통계와 비교하면, 상하이 남녀의 초혼 연령은 6년 동안 약 3세가 높아졌다.

독해 02 | 산아제한

인구 제한이라는 목표를 실현하기 위해 중국 정부는 1978년부터 엄격한 산아제한 정책을 시행하기 시작했다. 중국의 산아제한 정책의 기본 내용은 무엇일까? 개괄하면 여덟 글자로 '만혼만육, 소생우생(晚婚晚育, 少生优生)'이다. 만혼만육은 늦게 결혼하고 늦게 출산하는 것이다. 소생은 한 부부가 한 명의 자녀만 낳을 것을 장려하는 것이고, 우생은 출산의 질을 높여 영아의 건강과 지적 발달을 보장하는 것이다.

산아제한 정책을 시행한 후, 중국 인구의 자연 증가율은 1970년 2.58%에서 2012년 0.495%로 떨어져 세계 평균 수준의 절반이 되었다. 만약 산아제한 정책을 시행하지 않았다면 지금의 13억 인구는 아마도 17억~18억에 달했을 것이다. 중국은 기본적으로 산아제한 정책을 유지하고 있지만, 일부 예외 상황에 대해서 관례를 조정하고 있다. 예를 들어, 농촌 지역의 부부는 두 명의 자녀를 출산할 수 있으며, 인구가 극소수인 소수민족은 제한을 두지 않는다. 부부가 모두 외동 자녀이거나 부부 중 한 명이 외동 자녀일 경우에도 둘째 아이를 출산할 수 있다.

독해 03 | 외동 자녀

20세기 80년대 중국이 한 자녀 정책을 시행한 이래로 외동 자녀들은 점차 특수한 사회집단으로 떠올랐다. 외동 자녀를 말할 때, 많은 이들이 '소황제', '작은 태양', '421증후군' 등의 단어를 떠올릴 것이다. 그러나 이것은 제대로 이해하지 못한 것이다. '중국 도시 외동 자녀의 인성 발달 현황과 교육 조사'의 결과에 따르면, 외동 자녀의 인성 특징에서 볼 때, 크게 다섯 가지의 강점과 네 가지의 취약점이 나타난다. 다섯 가지 강점은 우정 중시와 풍부한 동정심, 자신감, 양호한 사회 윤리적 소양, 강한 자기계발 욕구, 폭넓은 흥미와 호기심으로 나타났다. 네 가지 취약점은 인격 부분에서 성취 욕구는 비교적 낮았으나 강한 공격적 성향을 보였고, 자기 수용 장애, 창의성과 독립성 및 근면 절약 부분에서 일정 수준 미달, 학습 부분에서 낮은 인지능력으로 나타났다. 총체적으로 볼 때 외동 자녀 세대의 확대는 정상적인 사회현상이다. 외동 자녀에게서 나타나는 문제점들은 사실 충분한 관심을 두기만 하면 점차 개선될 수 있다.

참고

2

『중화인민공화국 인구 및 산아제한법』 제18조 규정에 따르면, 국가가 안정적으로 출산 정책을 시행하기 위해 국민에게 결혼과 출산 시기를 늦추고, 한 쌍의 부부가 한 명의 자녀만 출산할 것을 장려한다. 또한 법률과 법정 규정 조건에 적합하면 둘째 자녀의 출산과 양육을 요청할 수 있다. 구체적인 방법은 성, 자치구, 직할시의 인민대표회의 혹은 상무위원회의에서 규정한다. 2014년 여러 성에서 새로운 산아제한 정책으로 조정했으며, 저장성의 경우, 『저장성 인구와 산아제한 조례』 제19조의 규정에 따라 아래 조건 중 하나에 해당하는 부부는 심의를 거쳐 한 명의 자녀를 더 낳아 기를 수 있다.

(一) 부부 중 두 사람 혹은 한 사람이 외동 자녀이며, 이미 한 명의 자녀가 있는 경우
(二) 부부 중 두 사람이 모두 농촌 주민이며, 이미 한 명의 자녀가 있는 경우
(三) 부부 중 두 사람이 모두 소수민족이며, 이미 한 명의 자녀가 있는 경우
(四) 부부 중 한 사람은 아이를 출산한 적이 없고, 한 사람은 재혼 전 이미 한 명의 자녀가 있는 경우

(五) 부부 중 한 사람은 아이를 출산한 적이 없고, 한 사람은 재혼 전 사별하여 이미 두 명의 자녀가 있는 경우
(六) 이미 한 명의 자녀가 있으나 장애 아동 검진기관을 통해 비유전성 질병으로 정상적인 사회인으로
　　성장 불가의 진단을 받은 경우

08 한류와 대중문화

독해 01 | 한류

넓은 의미로 한류는 한국의 패션, 음식, 상품 등을 포함하며, 좁은 의미로는 일반적으로
한국의 드라마, 영화, 음악 등 연예오락 산업의 영향을 가리킨다. 한류는 한국 TV드라마가
중국에 방영되면서 처음으로 붐이 일기 시작했고, 한국 가수가 중국 무대에 진출하면서
일부 (중국) 청소년들에게 한국 배우와 가수에 대한 흥미와 관심을 불어 일으켜 한국의
유행가와 드라마 및 한국 TV·영화 배우의 '열풍'을 만들었다.
현재 '한류'는 더욱 거세지고 있으며, 중국은 한국의 우수한 대표 프로그램의 포맷을 모방
제작하기 시작했다. '워스꺼쇼우(我是歌手)'는 후난 TV가 한국의 MBC에서 들여온 리얼
음악 쇼 프로그램이다. '워더쭝궈싱(我的中国星)'은 후베이 TV와 M.net TV가 공동으로
제작한 리얼 음악 쇼 프로그램으로 한국의 '슈퍼스타 K'가 원형이다. 이 두 개의 중국판
프로그램의 평균 시청률은 각각 2.38%와 1.27%를 달성했다. 한 해에 중국에서 시청률
1%가 넘는 프로그램이 10여 개에 지나지 않는 점을 고려하면 이 성적은 놀랍다는 평가를
받고 있다.

독해 02 | '한국 스타일' 따라잡기

20~30대 중국 여성 관광객들이 끊임없이 한국으로 몰려들고 있다. 갈수록 많은
중국의 젊은 여성들이 한국 드라마와 영화를 접한 후 한국의 패션과 음식 문화를 직접
체험해보고 싶어 하기 때문이다. "한국 스타일로 해 주세요."라는 말은 서울 강남의
유명한 미용실과 성형외과가 밀집해 있는 곳에서 자주 들을 수 있는 말이다. 한국 여자
연예인과 같은 헤어스타일을 하고 한국 여자 연예인처럼 옷을 입고 '치킨과 맥주'를 즐기는
것이 그녀들이 꿈꾸는 한국 여행이다.
관련 자료에 따르면, 중국은 2013년부터 일본을 제치고 한국을 찾는 관광객 수가 가장
많은 나라가 되었다. 여성 관광객이 남성 관광객의 1.8배였으며, 이 중 20~30대 관광객이
가장 많다. 그녀들의 주된 목적은 당연히 쇼핑이다. 한국 드라마와 영화가 중국에서
큰 인기를 끌면서 점점 더 많은 이들이 주인공 스타일의 옷차림과 음식을 직접 체험해
보고 싶은 것이다. 즉 중국의 젊은 여성 관광객이 구매하는 것은 상품이 아니라 한국의

생활방식이라고 할 수 있다.

독해 03 | 한류의 습격

'한류의 습격은 할리우드 블록버스터나 맥도날드 햄버거가 중국에 들어온 기세와 전혀 다를 바가 없다.' 홍콩의 권위 있는 잡지 『아주주간(亜洲周刊)』의 최근 호에서 한국 대중문화의 광범위한 유행에 대해 이같이 묘사했다. 현재 중국의 대중문화 시장에는 외래문화가 나날이 범람하고 있으며, 한국 드라마의 시청률은 높은 점유율을 유지하고 있는 반면, 중국 민족 예술은 외면당하고 있다. 그렇다면 한류는 왜 이렇게 중국인에게 환영받을까?

잡지는 한국의 대중문화가 중화 문화권에서 강한 호소력을 갖는 원인에 대해 (한중) 모두 유교문화에 뿌리를 두고 있으므로 쉽게 공감을 끌어내며, 양국의 비슷한 생활 양식과 식습관 역시 서로 어우러질 수 있는 요소라고 분석했다. 또한, 미국 할리우드와 일본 드라마의 장점을 흡수하고, 한국만이 가지고 있는 독특한 특징까지 더해진 것도 성공의 원인 중 하나라고 분석했다.

참고

1

'중국 중앙TV 춘제완후이(春节晚会)'는 간략하게 '양스춘완(央视春晚)'이라고 하거나, 혹은 그냥 '춘완(春晚)'이라고 한다. 매년 섣달그믐날 밤 새해를 축하하기 위해 개최된다. 1983년부터 지금까지 중국에서 가장 큰 규모로 많은 주목을 받고 있으며 최고의 시청률과 영향력을 지닌 종합 예술 디너쇼이다. 매년 음력 12월 31일 베이징 시각 저녁 8시부터 4~5시간 동안 진행되어 새벽 1시까지 이어진다. 프로그램은 콩트, 만담, 노래, 춤, 희극, 서커스(마술 포함), 민간 공연 및 기타 총 9가지이다. 마지막 무대는 '난왕진샤오(难忘今宵 잊기 힘든 오늘 밤)'를 합창하는 것으로 막을 내린다.

2

제6세대 감독은 1980년대 중후반에 베이징영화대학 연출학과에 입학하여 90년대에 메가폰을 잡은 젊은 감독들을 가리킨다. 이들은 대부분 60~70년대에 태어나 '문화대혁명'의 영향을 받지 않았기 때문에 억압당했던 처절한 고통을 겪지 않았다. 제6세대 감독들은 경제 체제의 전환(사회주의 경제 체제에서 시장 경제 체제로의 변화)이 중국의 사회관계, 인간관계, 가족관계에 끼친 크나큰 변화를 직접 겪었으며, 영화가 심오한 예술로부터 실생활에 유입되어 하나의 문화 상품이 되는 실제적인 과정을 경험했다. 그래서 이들의 영화는 환상적인 쾌감으로 시장과 타협하지 않고, '감히 말할 수 없었던' 금기시되던 사회 현실에 초점을 맞추어 현실에 직면하는 용기와 진정성을 표출한다. 대표적인 감독으로는 장위안(张元), 왕샤오슈와이(王小帅), 지아장커(贾樟柯) 등이 있다.

09 14개국과 맞닿은 나라

독해 01 | 34개의 성급 행정구역

중국 헌법 규정에 따르면, 중국의 행정구역은 다음과 같이 나뉜다. (1) 전국은 성, 자치구, 직할시로 나뉜다. (2) 성, 자치구는 자치주, 현, 자치현, 시로 나뉜다. (3) 현, 자치현은 향, 민족향, 진으로 나뉜다. 현재 중국에는 23개 성, 4개 직할시, 5개 자치구, 2개 특별행정구를 포함한 34개의 성급 행정구가 있다. 성급 인민정부 소재지를 성회(성부)라고 부른다. 직할시와 비교적 큰 시는 구와 현으로 나뉜다. 자치구, 자치주, 자치현은 모두 소수민족이 거주하는 민족 자치 지역이다. 향진은 중국의 가장 기본 행정 단위이다. 또한, 국가는 필요할 경우, 특별행정구를 설립할 수 있다. 1999년 12월 20일 마카오 주권이 이양된 시점까지 중국이 34개로 편성했던 성급 행정구역은 이후에도 변동 없이 계속 유지되고 있다.

독해 02 | 광활한 영토와 풍부한 자원

중국의 넓고 광활한 영토는 총면적이 약 960만km^2로 러시아, 캐나다에 이어 세계 3위이며 거의 유럽 전체 면적과 같다. 중국 대륙은 14개국과 접경하고, 해상에서 8개국과 이웃한다. 중국의 영토는 남북에 걸쳐 위도 50도에 가깝고, 동서에 걸쳐 경도 60도를 조금 넘으며 가장 동쪽의 우수리강과 가장 서쪽의 파미르고원의 시차는 4시간이 넘는다.

중국의 하천 중 장강은 중국 제일의 강으로 전체 길이 6,300km의 중국 수상 운수의 대동맥이다. 장강을 경계로 북쪽을 북방, 남쪽을 남방이라고 한다. 황하는 중국 제2의 강으로 전체 길이가 5,464km에 달한다. 황하 유역은 중국 고대 문명의 발상지로 수많은 고적 유물이 존재한다. 대대로 하천의 주변 도시들은 정치와 행정의 중심지 역할을 해왔으며 중국의 문화를 형성하는 터전이었다. 지금까지도 장강과 황하는 대륙의 심장부를 흐르고 있으며, 치수사업은 여전히 국가적으로 중요한 사업이다.

독해 03 | 댜오위다오(조어도)

2010년 9월, '댜오위다오 중국 어선 충돌 사건'으로 영토분쟁 문제가 수면 위로 떠올랐다. 댜오위다오는 대만과 오키나와 제도 사이에 동중국해 남서쪽의 무인도와 암초로 이루어져 있다. 역사적으로 중국 고유 영토였다가 청(清)대 초 대만에 예속되었다. 19세기 말 일본의 대외 확장으로 인해 현재 오키나와 현에 속하며 일본이 실효지배를 하고 있다.

오늘날, 중일의 댜오위다오 주권 귀속 분쟁의 배경에는 어족 자원 외에도 댜오위다오 부근의 풍부한 해양 가스 자원 문제가 있다. 이 댜오위다오 문제 처리에 있어서 중국 정부는 시종일관 대국을 중시하면서 평화적인 협상, 논쟁 불식, 공동 개발을 일관되게 주장하고 있다. 하지만 일본은 댜오위다오가 일본 영토이며 주권 분쟁 자체를 인정하지 않고 있다. 역사가 남겨준 이 현안에 대해 중일 양국이 화합하면 양측 모두 이익이지만, 싸우면 양측 모두 피해를 볼 뿐이다. 이것이 양국 관계를 계속 악화시키는 불안 요소가 되지 않도록 해야 하며, 평화롭게 이 문제를 해결해야 한다.

10 경제대국의 꿈 현실로

독해 01 │ 모험보다는 기회

'중국 경제가 빠르게 발전하고 있다'라는 말은 누구나 들어보았을 것이다. 많은 중국인들이 경제가 생활과 밀접한 관련이 있음을 체감했고, 모두가 경제는 가장 토론할 가치가 있는 화제라고 생각한다. '시장경제', '개혁개방', '퇴임' 등과 같은 어휘들은 중국에서 이미 일상용어가 되었다. 국제 사회도 중국의 발전을 낙관적으로 전망하며 중국의 경제 성장이 지속될 것이라고 입을 모으고 있다. 심지어 앞으로 30년 안에 중국이 세계에서 최고의 승자가 될 것이라고 예측하고 있다. 그러나 동시에 이것은 수백 년 동안의 서구 선진국들이 경험했던 문제점들을 몇십 년으로 압축해서 해결해야 한다는 것을 의미하기도 한다. 시간이 압축된 만큼 모순과 갈등도 집중될 수밖에 없다. 물론 중국의 입장에서는 총체적인 형세가 여전히 무모한 도전이라기보다 기회일 것이다. 중국의 발전 노선이 명확하고 정치적 힘을 얻기만 한다면 중국은 상승세를 타고 전면적인 중산층 수준의 사회를 건설하기 위한 탄탄한 기초를 닦을 수 있을 것이다.

독해 02 │ '신삼단계' 전략

'삼단계(三步走)'란 1987년 당의 제13기 전국대표대회에서 제기된 중국 경제건설의 종합적인 전략 배치이다. 제1단계는 1981년에서 1990년까지 GNP를 두 배 성장시켜 기본 의식주 문제를 해결하는 것이고, 제2단계는 1991년에서 20세기 말까지 GNP를 다시 두 배 성장시켜 국민의 생활 수준이 중산층 수준에 이르는 것이다. 제3단계는 21세기 중반까지 중등 선진 국가의 대열에 들어서는 것이다.

지난 세기 90년대 당의 제15기 전국대표대회에서 달라진 현실 상황에 근거하여 21세기 중국 사회의 발전에 관한 '신삼단계(新三步走)' 구상을 다시 제시했다. 이 전략은 처음 10년 동안 전면적인 중산층 수준을 설립하고, 두 번째 10년 동안 부유한 중산층 수준에 도달하도록 한다. 세 번째 단계는 2050년 건국 100주년이 되는 시점에 현대화를 실현하고,

부유하고 문명화된 사회주의 국가를 건설하도록 한다. 제18기 전국대표대회 이후에는 '신삼단계' 전략의 기본 뼈대를 완성하도록 한다. 중국의 최종 목표는 중국의 궐기이다. 이것은 사회주의 현대화를 실현하고 중화 민족 부흥이라는 차이나 드림이다.

독해 03 | 한중 FTA

1992년 한중 수교 이후 양국 관계는 급속도로 발전했다. 1992년 50억 달러였던 한중 무역액은 2014년에 이르러 2,906억 원으로 수교 초기보다 58배 증가했다. 중국은 이미 한국의 최대 무역 파트너이자 최대 수출시장, 최대 수입원, 최대 해외투자 대상국으로 자리매김했으며, 한중 무역액은 한미, 한일, 한·EU 무역액의 총합계를 초과했다. 한중 FTA 체결 문제에 관해서는 취업과 무역, 투자 등 여러 분야에서 한국과 중국이 윈윈을 실현할 것이다. 특히 한국의 수확이 더욱 클 것이다. 과거에는 한국 기업이 일방적으로 중국에 투자하여 상품을 미국으로 수출했지만, 한중 FTA 체결 후에는 중국 역시 '해외 진출' 전략에 따라 한국 시장에 더 많은 투자를 하게 될 것이며, 이것은 한국의 산업 공동화를 방지하는 데에 이바지할 것이다. 한국의 일부 지식인들은 기술이 중국에 유출되는 것을 우려하고 있지만, 13억 인구의 거대한 시장이 한국에 전면 개방된다는 점을 간과할 수는 없다.

참고

1

'백묘흑묘론(白猫黑猫论)'은 1960년대 덩샤오핑(邓小平)이 제시한 것으로 이 이론은 덩샤오핑의 말에서 비롯되었다. '검은 고양이든 흰 고양이든 쥐를 잡을 수 있으면 좋은 고양이'. 이 말은 계획경제이든 시장경제이든 모두 자원을 배분하는 하나의 수단으로써 정치제도와 무관하다는 것이다. 자본주의에도 계획이 있을 수 있고 사회주의 역시 시장이 있을 수 있으며, 생산력을 발전시킬 수 있다면 실질적으로 적용할 수 있음을 의미한다.

2

'일대일로(一带一路)'는 '실크로드 경제 벨트'와 '21세기 해상 실크로드'의 줄임말이다. '일대일로'는 어떤 실체나 조직이 아니라 협력 발전의 이념이자 제안이다. 중국과 관련 국가 간에 이미 형성되어 있는 양·다자 관계에 기대어 기존의 실효성이 있는 지역 협력의 무대를 발판으로 삼아 고대 '실크로드'의 역사적 이름을 차용해 인접 국가와의 경제 협력 파트너 관계를 주도적으로 발전시켜 나가는 것이다. 이로써 정치적 상호 신뢰, 경제적 융합, 문화적 포용의 이익공동체, 운명공동체, 책임공동체를 함께 구축해 나가는 것이다.

11 중국의 큰 별 공산당

독해 01 | 중국 공산당

중국 공산당은 1921년 7월에 결성되었다. 신중국 성립 이후 지금까지 공산당은 중국 유일의 집권당으로 현재 8천만여 명의 당원이 있다. 중국 공산당의 지휘가 있었기에 20세기 중국은 '두 차례의 혁명'을 거칠 수 있었다. 첫 번째 혁명의 성과는 1949년 중화인민공화국의 설립이고, 두 번째 혁명은 대외개방과 경제체제를 전환한 개혁으로 가시적인 성과를 얻었다.

중국 공산당의 최고 지도기관은 당의 전국대표대회와 이 대회에서 선출되는 중앙위원회이다. 당의 전국대표대회가 세계의 주목을 받는 이유는 이 대회가 중국의 향후 정책과 주요 인사 변동에 연관되기 때문이다. 중공 중앙기관지인 『인민일보』는 정부와 국민을 잇는 연결로이자 세계가 중국을 관찰하고 이해하는 중요한 창구이다. 『인민일보』는 중국 공산당을 대변하는 역할을 하므로 많은 사람이 이를 통해 중국 정책의 조정과 정세 변화를 가늠한다.

독해 02 | 주석과 총리

중국 국가 주석은 최고 국가기구의 중요한 구성 부분으로 하나의 독립적인 국가 기관이다. 국가 주석은 전국인민대표대회와 대회의 상무위원회 결정에 따라 국가 원수로서의 각종 권력을 행사한다. 국가 주석은 대외활동 중에 중국을 대표하며 국가의 최고 대표권을 갖는다. 국가 활동의 절차, 관례, 상징성의 의미에서 볼 때, 국가 주석은 최고의 지위를 지닌다. 국가 주석은 어떠한 국가 사안도 단독으로 결정하지 않고, 국가 주석은 전국인민대표대회에 종속된 위치에 있으며, 전국인민대표대회의 선거로 선출한다. 주석의 임기는 5년으로 각 회기의 전국인민대표대회의 임기와 같으며, 2회를 초과하여 연임할 수 없다.

국무원은 중앙인민정부로 최고 국가권력기관의 집행기관이자 최고 국가행정기관으로서 총리 책임제를 시행하고 있다. 국무원 총리는 중국 정부의 수뇌이며, 임기는 5년으로 1982년 이후 2회를 초과하여 연임할 수 없도록 정했다.

독해 03 | 일국양제

'하나의 국가, 두 개의 체제(일국양제)'는 덩샤오핑이 중국 통일의 목표를 실현하기 위해 만든 방침으로 현재 중국 공산당의 대만 문제에 대한 주요 방침이기도 하다. 일국양제 정책은 오직 하나의 중국을 주장하며, 중화인민공화국은 중국의 유일한 합법정부이다. 중국 대부분의 지역이 사회주의 제도를 시행하지만, 홍콩이나 마카오, 그리고 귀속 이후의 대만은 자본주의 제도를 시행할 수 있다. 일국양제 정책은 이미 홍콩과 마카오에서 시행되고 있으며, 중국 정부는 대만 문제 역시 일국양제 방식으로 해결하기를 희망하고 있다. (중국 정부는) 대만에 자체적인 군대 보유도 약속했지만 대만 국민과 각 당파의 이에 대한 반응이 서로 일치하지 않을 뿐만 아니라 심지어 중국 통일 문제에서도 다른 견해를 보이고 있다. 중국 정부는 2014년에 발생한 홍콩 시위 사건이 대만의 반면교사가 되는 것을 원하지 않는다. 대만 문제를 원만히 해결하고, 일국양제가 중국이 바라는 대로 안착하기 위해서는 지금까지와는 다른 해결 방안을 모색해야 한다.

12 우주 강국과 환경 낙후국

독해 01 | 항아 프로젝트

중국의 '항아(嫦娥)3호'가 성공적으로 달 표면에 착륙함으로써 중국은 세계에서 세 번째로 달 표면에 연착륙한 나라가 되었다. 달 탐사 사업의 추진은 중국이 내디딘 우주항공탐사의 첫 행보이다.

달은 이미 미래에 우주 강국들이 자원 쟁탈을 벌이게 될 각축장이 되었다. 달이 보유한 특수한 광물과 에너지 자원으로 지구의 자원을 보완하고 비축할 수 있다. 예를 들면 미래의 신에너지 자원인 '헬륨3'의 달 매장량은 지구의 저장량보다 월등히 많다. 만약 달에서 헬륨3을 채취하여 지구로 가져와 인류가 활용한다면 미래사회에 크나큰 영향을 미칠 것이다. 그러므로 중국의 달 탐사 프로젝트는 그 의미가 남다르다. 달 착륙은 중국의 목적이 아니다. 그것을 이용하고 개발하여 다음 세대의 자원을 확보하는 '미래에 대한 투자'가 목표이다. 더 나아가 중국이 우주산업의 이해당사자가 되어 명실상부한 우주대국이 되는 것이다.

독해 02 | 황사

'황사(沙尘暴)'는 '모래 폭풍(沙暴)'과 '먼지 폭풍(尘暴)'을 모두 포함하는 총칭으로 강풍이 지면에 있는 대량의 모래와 먼지를 공중으로 감아올려 공기가 심하게 혼탁해지면서 수평(水平) 가시거리가 1km 미만의 심각한 모래바람 현상을 일컫는다. 관련 연구 결과에 따르면, 대부분 황사는 몽골 남부 지역에서 발원하여 중국 북쪽 지역을 지날 때 먼지 물질이 더해져 더욱 악화된다.

황사의 파급 범위가 갈수록 확대되고 있으며, 발생하는 피해도 더욱 심각해지고 있다. 황사가·일으키는 피해는 이미 전 지구의 환경문제가 되었으며, 이 때문에 각국이 공동 연구 과제를 적극적으로 논의하고 있다. 그중에서도 한·중·일 삼국을 필두로 세계 각국이 '황사와의 전쟁'을 치르고 있다. 최근 황사현상은 태평양을 건너 북미 대륙까지 번져나갔을 뿐만 아니라 태양광을 차단하여 전 세계적인 기후변화를 일으키고 있다.

독해 03 | 기후 온난화

개혁개방이래 중국의 경제력은 나날이 강해지고 있다. 그러나 이와 함께 수반된 환경문제도 국제사회의 주목을 받고 있다. 중국은 이미 온실가스 총배출량이 미국을 앞질러 세계 최대의 이산화탄소 배출국이 되었다. 국제사회의 책임을 짊어진 일원으로서 중국은 더 이상 수수방관해서는 안 된다.

기후변화는 산업혁명 이후의 인류 활동, 특히 선진국들의 산업화 과정에서의 경제활동이 주된 원인이다. 화석연료의 연소와 삼림 훼손 등 인간의 활동으로 발생하는 다량의 온실가스가 온실효과를 악화시켰고, 이로 인해 지구의 기후 온난화가 생겨났다. 기후변화가 지구에 미치는 영향은 주로 농업, 수자원, 자연 생태계 등에 집중되어 있어 인류에게 큰 위협이 될 것이다. 지속 가능한 발전과 환경보호의 두 마리 토끼를 잡기 위해서 중국은 이제 고 소비, 고 배출의 전통적인 산업화의 방식을 취해서는 안 된다. 기후변화의 심각한 위기에 맞서 중국은 반드시 책임감 있는 대국의 모습을 보여주어야 한다.

참고

1

장정(长征: 중국 홍군红军의 2만5천 리 장정)은 중국이 개발한 장정 시리즈 탑재 로켓의 총칭이다. 장정 로켓을 이용하여 선저우 (神舟: 중국을 나타내는 적현신주赤县神州) 비행선과 각종 위성을 우주로 쏘아 올린다. 항아(嫦娥: 달에 산다는 신화 속 선녀)는 중국의 항아 프로젝트로 달 탐사 위성의 명칭이다. 선저우는 중국의 우주 비행선으로 지구 궤도를 따라 운행한다. 텐궁(天宫: 천신의 궁전)은 중국의 우주 정거장으로 우주 기지와 같은 역할을 한다.

2

스모그는 안개(雾)와 먼지(霾)의 합성어이다. 도시에서 자주 보이며 중국의 많은 지역에서 먼지가 포함된 안개를 재난성 기상현상으로 보고 조기 경보 예보를 시행하고 있으며, '스모그 날씨'라고 통칭하고 있다. 스모그는 2013년 중국의 관심 키워드였다. 그해 1월 중 베이징에 스모그가 없었던 날은 단 5일에 불과했다. 통계에 따르면, 오염이 가장 심각한 세계 10개 도시 중 7개의 도시가 중국에 있다.

01 붉은 대륙과 다섯 개의 황금별

〈1~2 듣기 지문〉

中华人民共和国国旗是中华人民共和国的象征和标志。1949年9月27日，全国政协第一届全体代表会议通过了以五星红旗为国旗的议案。中华人民共和国国旗旗面为红色，象征革命。国旗上的五角星用黄色是为了在红色大地上呈现光明，一颗大五角星代表中国共产党，四颗小五角星分别代表工人阶级、农民阶级、小资产阶级和民族资产阶级四个阶级。五颗五角星互相联缀、疏密相间，象征中国人民大团结。

1

① 国旗 / 标志
② 红色 / 革命
③ 联缀 / 疏密

2

① 工人、农民、小资产阶级和民族资产阶级四个阶级。
② 为了在红色大地上呈现光明。

3

① 国徽的内容为国旗、天安门、齿轮和麦稻穗。
② 表现以工农联盟为基础的社会主义国家。
③ 我们万众一心，冒着敌人的炮火。

4

① 通过了以五星红旗为国旗的议案。
② 用天安门图案作新的民族精神的象征。
③ 把我们的血肉筑成我们新的长城。

5

① b　　② c　　③ d

02 인구대국의 56개 민족

〈1~2 듣기 지문〉

中国是一个统一的多民族国家。新中国成立后, 中央政府确认的民族共有56个。由于汉族以外的55个民族人口较少, 习惯上被称为"少数民族"。各民族地区在历史、文化、环境等方面存在极大差异, 发展极为不平衡。但中国政府一贯认为各民族无论人口多少、社会发展水平高低, 都是中国大家庭中的一员, 都享有平等的权利。

1

① 统一 / 多民族

② 共有 56

③ 享有 / 权利

2

① 由于汉族以外的 55 个民族人口较少。

② 在历史、文化、环境等方面存在极大差异, 发展极为不平衡。

3

① 中国无疑是世界上人口最多的国家。

② 中国人口占世界总人口60亿的22%。

③ 这一系列的民族政策是符合国情的解决方案。

4

① 中国已经进入了低生育率国家行列。

② 各民族无论人口多少，都是中国大家庭中的一员。

③ 中央政府采取了以下三项措施。

5

① d　　② c　　③ d

在山珍海味的故乡—中国都有什么饭菜呢? 中国地大物博, 不同地域之间的口味和烹饪法差异巨大。有一个"南甜北咸, 东辣西酸"的说法。意思是: 南方人喜欢吃甜味, 北方人喜欢吃咸味, 山东人喜欢吃辣味, 山西人喜欢吃酸味。中国的饭菜风味主要可分为"四大菜系", 即: 四川菜系、广东菜系、山东菜系、江苏菜系。都各有特色, 各有千秋。

1

① 山珍海味

② 口味 / 烹饪法

③ 各有特色 / 各有千秋

2

① 南方人喜欢吃甜味, 北方人喜欢吃咸味, 山东人喜欢吃辣味, 山西人喜欢吃酸味。

② 四川菜系、广东菜系、山东菜系、江苏菜系。

3

① 川菜以麻辣为主要特点。

② 这些品牌都为此做出了杰出贡献。

③ 方便面的问世彻底解决了携带问题。

4

① 茶从很久以前就与中国人的生活密不可分。

② 光是生产的茶种类就有几千种。

③ 打破了中国人只吃水果的局面。

5

① d　　② b　　③ b

04 역사가 흐르는 도시

〈1~2 듣기 지문〉

> 1842年《南京条约》签订后，上海成为中国五大对外通商口岸之一，并于1843年11月正式开放。通商口岸是西方资本流入中国的主要窗口，西欧式经济形态最初主要体现在贸易和金融业上。上海在20世纪初就已成为远东地区的国际金融中心。新中国建立后，上海取得了飞速发展。今日，在这个人口仅占全国1%、土地面积仅占全国0.06%的城市里，完成的财政收入占全国的八分之一，口岸进出口商品总额占全国的四分之一，港口货物吞吐量占全国的十分之一。

1

① 《南京条约》签订

② 流入 / 窗口

③ 20世纪初 / 金融中心

2

① 人口占全国1%，土地面积占全国0.06%。

② 占全国的十分之一。

3

① 中国政府决定将中国的国都定于北京。

② 在北京奥运会前后，现代化的建筑物拔地而起。

③ 上海肩负着面向世界的重任。

4

① 为树立与全球时代相符的城市形象而努力。

② 围绕是破坏还是开发的争论一直在持续。

③ 上海发挥着辐射和带动作用。

5

① a   ② c   ③ c

汉字源远流长。它既是世界上最古老的文字之一，又是至今硕果仅存的一种方块文字。六千多年前，汉字起源于图画，是可读出来的图画。后来图画越来越符号化，逐渐脱离图画，形成象形的汉字。汉字经历了从甲骨文到金文、篆书、隶书和楷书的发展过程，逐渐形成现代汉字。汉字的演变总趋势是由繁到简，汉字字形字体逐步规范化、稳定化。

1

① 古老 / 硕果仅存

② 符号化 / 脱离

③ 规范化 / 稳定化

2

① 可读出来的图画。

② 甲骨文、金文、篆书、隶书、楷书。

3

① 各方言区内分布着若干次方言和许多种土语。

② 达标以后仍有任务要坚持完成。

③ 汉字演变的总趋势是由繁到简。

4

① 现代汉语有普通话和方言之分。

② 在学习普通话的过程中，难度就加大了不少。

③ 简体字是相对繁体字而言，笔画简省的字。

5

① c　　② b　　③ a

06 가오카오와 명문 대학

〈1~2 듣기 지문〉

2014年12月, 中国校友会网公布了2014中国大学排行榜。报告显示, 北京大学7年蝉联中国第一; 清华大学位居第二; 上海交通大学位居第三, 比去年上升2个名次; 复旦大学排名第四; 武汉大学排名第五, 首次进入全国五强, 创历史最高排名。浙江大学下降两位, 位居第六; 中国人民大学升至第七, 比去年上升5个位次; 南京大学下降2个名次, 名列第八; 吉林大学位居第九; 中山大学名列第十。

1
① 公布 / 排行榜
② 蝉联 / 位居
③ 名次 / 名列

2
① 排名第五。
② 排名第十二。

3
① 从两个综合科目中选择一个考试科目。
② 这三所是中国最具影响力的大学。
③ 一般认为北京大学的文科研究蓬勃。

4
① 目前最被人们接受的实行方案是"3+X"。
② 武汉大学排名第五，创历史最高排名。
③ 浙江大学下降两位，位居第六。

5
① c   ② c   ③ d

中国婚姻法规定："结婚年龄, 男不得早于22周岁, 女不得早于20周岁。"即：只有达到了法定婚龄才能结婚, 否则就是违法。这是为贯彻控制人口的基本国策。此外婚姻法也鼓励晚婚。近20年来各项统计显示, 中国社会的晚婚趋势越来越明显。2008年对十个城市的调查结论显示：上海男性初婚年龄平均为31岁, 女性初婚年龄平均为28岁。据2013年新华网报道, 上海市居民平均结婚登记年龄为男性34岁、女性31岁。

1

① 22周 / 20周

② 才能 / 否则

③ 控制人口 / 鼓励晚婚

2

① 男性31岁, 女性28岁。

② 男性34岁, 女性31岁。

3

① 和去年相比, 初婚年龄在六年中大了三岁。

② 从总体上来看, 独生子女一代的发展是正常的社会现象。

③ 只要人们充分重视, 就可以逐步改善。

4

① 中国社会的晚婚趋势越来越明显。

② 人口增长率由1970年的2.5%下降到2012年的0.4%。

③ 就人格特征来看, 表现为五大优点和四大弱点。

5

① b ② d ③ c

08 한류와 대중문화

〈1~2 **듣기 지문**〉

二三十岁中国女游客不断涌向韩国，这是因为越来越多的中国年轻女性在看到韩国电视剧和电影后，想要体验韩国的穿戴和饮食方式。"请做成韩国式的。"这是在首尔江南知名美容店和整容医院聚集地经常能听到的话。留着和韩国女明星相似的发型、穿着和韩国女明星相似的衣服，享用"炸鸡和啤酒"，是她们梦寐以求的韩国之旅。根据有关资料，中国从2013年开始超越日本，成为来韩游客最多的国家。

1
① 留着 / 穿着
② "炸鸡和啤酒"
③ 超越 / 游客

2
① 二三十岁中国女游客。
② 想要体验韩国的穿戴和饮食方式。

3.
① 引起了一些青少年对韩国影视明星和歌手的关注。
② 考虑到中国节目的收视率，该成绩被评价为成果惊人。
③ 韩流劲袭与好莱坞巨片传播到中国之势毫无差别。

4
① 中国游客购买的不是商品，而是韩国的生活方式。
② 对韩国大众文化的广泛流行，进行了如此的描述。
③ 只有韩国才有的独特色彩是成功的原因之一。

5
① b　② a　③ d

〈1~2 듣기 지문〉

2010年9月，"钓鱼岛中国渔船冲突事件"使领土争端问题<u>浮出水面</u>。钓鱼岛，位于台湾和冲绳群岛之间，<u>由</u>东中国海西南面的无人岛和暗礁<u>组成</u>。历史上是中国<u>固有</u>领土，清朝初年起<u>隶属于</u>台湾。由于19世纪末日本对外扩张，钓鱼岛现属于冲绳县，处于日本的有效管理之下。目前，中日钓鱼岛主权归属争端的背后，除了渔业资源之外，还有钓鱼岛附近丰富的海洋油气资源问题。

1

① 浮出水面

② 由 / 组成

③ 固有 / 隶属于

2

① 日本。

② 除了渔业资源之外，还有钓鱼岛附近丰富的海洋油气资源问题。

3

① 中国领土差不多同整个欧洲面积相等。

② 长江和黄河依旧流淌在大陆心脏部位。

③ 中日两国和则两利，斗则俱伤。

4

① 中国领土总面积仅次于俄罗斯、加拿大，居世界第3位。

② 以长江为界，其北为中国北方，其南为中国南方。

③ 在钓鱼岛问题上，中国政府始终着眼于大局。

5

① a   ② b   ③ c

10 경제대국의 꿈 현실로

〈1~2 듣기 지문〉

"中国的经济发展很快"相信这句话大家都听过。很多中国人感受到经济与生活有密切的关系，都觉得经济是最值得讨论的话题。像"市场经济"、"改革开放"、"下岗"之类的词在中国已经成为生活中的日常用语。世界也看好中国的发展，都说中国的经济增长会持续下去。但是，这又意味着中国要把西方发达国家几百年的问题压缩到几十年中来解决，时间压缩必然使矛盾集中。当然，对中国来说，总的趋势仍然是机遇大于挑战。

1

① 值得讨论

② "改革开放" / "下岗"

③ 机遇 / 挑战

2

① 看好中国的发展，中国的经济增长会持续下去。

② 中国要把西方发达国家几百年的问题压缩到几十年中来解决。

3

① 很多中国人感受到经济与生活有密切的关系。

② 自1992年建交以来，中韩两国关系迅猛发展。

③ 中国早已成为韩国最大贸易伙伴。

4

① 为全面建设小康社会打下坚实的基础。

② 至于签订韩中FTA问题，韩国与中国将实现双赢。

③ 这有助于防止韩国产业空洞化。

5

① a   ② a   ③ d

11 중국의 큰 별 공산당

中国国家主席是最高国家机构的重要组成部分, 是一个独立的国家机关。国家主席根据全国人民代表大会和其常务委员会的决定行使各项国家元首的权力。国家主席在对外活动中, 代表中国, 享有国家的最高代表权。从国家活动的程序性、礼仪性、象征性意义看, 国家主席具有最高的地位。国家主席本身不独立决定任何国家事务, 而是国家主席处于全国人民代表大会的从属地位, 由全国人民代表大会选举。其每届任期为五年, 同全国人民代表大会每届任期相同, 连续任职不得超过两届。

1

① 最高国家机构 / 独立

② 全国人民代表大会 / 常务委员会

③ 程序性 / 礼仪性

2

① 由全国人民代表大会选举。

② 两届。

3

① 这涉及到中国未来的决策以及重大人事变动。

② 国家主席是最高国家机构的重要组成部分。

③ 甚至在统一中国问题上有不少分歧。

4

① 中国希望以一国两制的方式来解决台湾问题。

② 台湾民众和各党派对此反应不一。

③ 中国政府不希望香港事件成为台湾的反面教员。

5

① c   ② c   ③ b

12 우주 강국과 환경 낙후국

〈1~2 듣기 지문〉

月球已成为未来航天大国争夺战略资源的焦点。月球上特有的矿产和能源是对地球资源的重要补充和储备。比如未来世界的新能源"氦3"，月球的蕴藏量要远远多于地球的储量。如果将它从月球上开采出来运至地球，供人类享用，将对未来社会产生深远的影响。因此，中国探月工程意义非凡。登上月球不是中国的目的，其目的是要利用它、开发它，而确保下一代能源，是"面向未来的投资"。中国甚至要使自己成为太空利益攸关方，成为名副其实的空间大国。

1

① 争夺 / 焦点

② 意义非凡

③ 利益攸关方 / 名副其实

2

① 氦3。

② 将对未来社会产生深远的影响。

3

① 氦3在月球的蕴藏量要远远多于地球的储量。

② 以韩、中、日三国为首的世界各国正与沙尘暴作战。

③ 身为负责任的国际社会一员，再也不可袖手旁观。

4

① 这是中国迈出航天深空探测的第一步。

② 沙尘暴波及范围愈来愈广，造成的损失愈来愈重。

③ 由此带来的环境问题也为国际社会所关注。

5

① d　　② c　　③ b

동양북스 채널에서 더 많은 도서
더 많은 이야기를 만나보세요!

▶ 유튜브

인스타그램

blog 블로그

포스트

f 페이스북

카카오뷰

외국어 출판 45년의 신뢰
외국어 전문 출판 그룹
동양북스가 만드는 책은 다릅니다.

45년의 쉼 없는 노력과 도전으로 책 만들기에 최선을 다해온
동양북스는 오늘도 미래의 가치에 투자하고 있습니다.
대한민국의 내일을 생각하는 도전 정신과 믿음으로 최선을 다하겠습니다.

📖 동양북스